신돌석
·
유인석

글쓴이 표시정

1972년 경남 거창에서 태어나, 중앙대학교 예술대학교 문학예술학과에서 공부했다. 1993년 계간아동문학평론 동화부문 신인상을 수상하면서 작가 활동을 시작했고, 제3회 MBC창작동화 대상 장편부문 대상을 수상했다. 지은 책으로는 《고대리 아이들》《내 마음을 알아주세요》《사라진 공주》《미륵사의 비밀》 등이 있다.

감수자 김광운

경기도 시흥에서 태어나 한양대학교 사학과와 같은 학교 대학원을 졸업했다. 현재 국사편찬위원회에 재직 중이며, 한겨레통일문화연구소 연구위원, 민주화운동기념사업회 자문위원으로 활동하고 있다. 한양대학교와 한신대학교, 조선대학교, 서울교육대학교 등지에서 학생들을 가르치고 있다. 지은 책으로는 《통일 독립의 현대사》 들이 있다.

신돌석·유인석
우리가 잊지 말아야 할 독립운동가 15

개정1판 1쇄 인쇄 | 2019년 8월 9일
개정1판 1쇄 발행 | 2019년 8월 15일

지 은 이 | 표시정
감 수 자 | 김광운
펴 낸 이 | 정중모
펴 낸 곳 | 파랑새
등   록 | 1988년 1월 21일 (제406-2000-000202호)
주   소 | 경기도 파주시 회동길 152
전   화 | 031-955-0670 팩   스 | 031-955-0661~2
홈페이지 | www.bbchild.co.kr
전자우편 | bbchild@yolimwon.com

ⓒ 파랑새, 2003, 2007, 2019
ISBN 978-89-6155-865-5 74910
      978-89-6155-850-1 (세트)

• 책값은 뒤표지에 있습니다.
• 출판사의 허락 없이 이 책의 일부 또는 전체를 인용하거나 발췌하는 것을 금합니다.
• 본 도서는 파랑새 《인물로 보는 한국사》 시리즈를 재편성한 도서입니다.

어린이제품안전특별법에 의한 제품 표시
제조자명 파랑새 | 제조년월 2019년 8월 | 제조국 대한민국 | 사용연령 10세 이상

우리가 잊지 말아야 할 독립운동가 15

신돌석 · 유인석

표시정 글 | 김광운 감수

파랑새

추천사
삶의 등대가 되어 주는 역사 인물

'도로시'라는 미국의 교육학자는 '아이들은 사는 것을 배운다'라는 유명한 시를 남겼습니다. 그 내용은 다음과 같습니다.

만일 아이가 나무람 속에서 자라면 비난을 배웁니다.
만일 아이가 적개심 속에서 자라면 싸우는 것을 배웁니다.
만일 아이가 비웃음 속에서 자라면 부끄러움을 배웁니다.
만일 아이가 수치심 속에서 자라면 죄의식을 배웁니다.
만일 아이가 관대함 속에서 자라면 신뢰를 배웁니다.
만일 아이가 격려 속에서 자라면 고마움을 배웁니다.
만일 아이가 공평함 속에서 자라면 정의를 배웁니다.
만일 아이가 인정 속에서 자라면 자기 자신을 좋아하는 것을 배웁니다.
만일 아이가 받아들임과 우정 속에서 자라면 세상에서 사랑을 배우게 됩니다.

이 아름다운 시처럼 우리들의 아이들은 끊임없이 세상에서 무엇인가 배우고 있습니다. 자라나는 아이들에게 사는 것을 배우게 하는 가장 좋은 방법은 무엇일까요? 그것은 아마도 우리나라가 낳은 조상들 중에서 훌륭한 업적을 이룩하신 역사적 인물들을 배우고 그 인물들을 통해서 그들의 애국심과 남다른 인격을 본받는 것입니다. 지금까지 어린 아이들을 대상으로 하는 위인전은 많이 있었지만 이번에 발간한 인물 이야기처럼 이제 막 인격이 성숙하기 시작하는 초등학교 고학년에서부터 사춘기에 이르는 중학생을 상대로 한 인물 역사책은 거의 없었던 것으로 알고 있습니다. 사실 이런 책들은 역사를 인식하고 역사적 인물을 이해할 수 있는 연령을 대상으로 하였을 때, 비로소 그 빛을 볼 수 있다고 생각합니다.

꼭 알아야 할 역사적 인물을 선정해서 발간하는 이 책은 우리 아이들에게 무한한 자부심과 희망과 꿈을 키워 줄 것입니다.

그리고 이 책은 역사학자들의 철저한 감수와 고증을 거쳐 역사적 사실이 흥미 위주로 과장되거나 주관적인 해석으로 왜곡되지 않고 정확하게 전달되도록 온 힘을 기울였습니다.

존경하는 인물을 한 사람 가슴에 품고 자라난 아이들은 가슴 속에 하나의 등대를 갖고 있는 항해사와 같습니다. 아이들의 먼 인생 항로에서 언제나 꺼지지 않는 등불이 되어 절망과 역경에 이르렀을 때도 그 앞길을 밝혀 주는 희망의 등불이 될 것입니다.

자라나는 아이들은 미래의 희망입니다. 그들에게 사는 것을 가르치기 위해서는 아이들이 살아갈 조국, 내 나라 내 땅을 위해 땀과 피와 목숨을 바친 훌륭한 역사적 인물들의 씨앗을 우리 아이들의 가슴 속에 뿌려 주는 일일 것입니다. 그 씨앗은 아이들 가슴 속에서 무럭무럭 자라나 마침내 아름다운 꽃과 무성한 열매를 맺게 될 것임을 저는 의심치 않습니다.

이어령 전 문화부 장관

지은이의 말

 이 책은 신돌석과 유인석의 삶에 초점을 맞춘 위인전이 아닙니다. 그들 개개인의 삶보다는 의병 운동이 일어날 수밖에 없었던 시대적 배경과 의병 활동의 전개 과정에 더 초점이 맞추어져 있습니다.
 신돌석과 유인석, 이 두 사람 모두 구한말을 대표하는 의병장이기 때문입니다.
 의병이라는 단어를 사전에서 찾아보면, '의를 위하여 일어난 군사'라고 풀이되어 있습니다.
 우리 조상들은 이 책의 주인공인 신돌석과 유인석처럼 나라가 어려움에 처했을 때, 누가 시키지 않아도 나라를 구하기 위해 자신의 목숨을 내걸고 싸웠습니다.
 과연 우리도 그들처럼 할 수 있을까요?
 신돌석과 유인석은 다 같은 의병장이지만, 유인석은 학자에다 양반 출신이었기 때문에 모두에게 존경을 받았고, 신돌석은 평민 출신이라는 이유로 양반 의병들에게 차별 대우를 받기도 했습니다. 신돌석이 왜 그런 대우를 받아야 했을까요? 여러분이 이 책을 읽으며 그 해답을 찾기 바랍니다.

  어린이 여러분, 이 책을 재미있게 읽으려면 유인석과 신돌석을 서로 비교해 가며 읽어 보세요. 성격에서도 유인석은 우유부단한 반면, 신돌석은 생각한 것을 반드시 실천에 옮기는 결단력이 보이거든요. 이런 식으로 두 사람을 비교해 가며 책을 읽다 보면 책 읽는 재미가 더해요.

표시정

차례

추천사 4

지은이의 말 8

1. 위정척사 운동의 선봉, 이항로를 만나다 12
2. 수구파와 개화파의 갈등 30
3. 의병 대장이 되어 51
4. 의병의 재기 항쟁을 향하여 71
5. 의병 해산과 망명 생활 87

6. 세상에 눈을 뜬 신돌석　　　　　　　　102
7. 신출귀몰한 의병 대장, 태백산 호랑이　　114
8. 치열한 항일 전투를 벌이며　　　　　　126
9. 의병 연합 전선을 구축하다　　　　　　139
10. 번번이 실패한 일본군의 신돌석 생포 작전　154
11. 의병 해산과 신돌석의 죽음　　　　　　165
12. 유인석의 귀국과 강학 활동　　　　　　179
13. 국내외 항일 의병 통합에 앞장서다　　　189

1. 위정척사 운동의 선봉, 이항로를 만나다

유인석은 헌종 8년인 1842년에 강원도 춘성군 남면 가정리에서 고흥 유씨 중곤과 고령 신씨 사이에서 3남 3녀 중 둘째아들로 태어났다.

춘성군 남면 가정리는 고흥 유씨들이 모여 만든 동족 마을이다. 그렇기 때문에 마을 사람들은 모두 한 가족처럼 지냈다.

마을에서는 일 년에 한 번씩 집안 모임이 열렸다. 집안의 대소사를 의논하고, 오랜만에 멀리 떨어져 있던 친척들과 만나 관계를 공고히 하기 위해서였다.

어느 해, 유인석은 아버지를 따라 집안 모임에 참석하게 되었다. 그곳에는 전국 각지에서 모여든 친척들로 발 디딜 틈이 없었다.

유인석은 휘둥그레진 눈으로 물었다.

"아버지, 여기 계신 분들이 다 우리 친척이에요?"

"암."

"와, 친척들이 많으니까 참 좋다."

"어째서?"

"아버지께서 사람은 혼자 사는 것보다 함께 어울려 사는 게 더 좋다고 하셨잖아요. 게다가 이분들이 남도 아닌 친척들이니 얼마나 든든하고 좋아요."

유인석의 족숙(아저씨뻘 되는 먼 친척)인 유중선은 어쩌다가 유인석 부자의 대화를 듣게 되었다.

'내게도 저런 아들이 하나 있었으면……'

아들이 없던 유중선은 유인석 부자를 부러운 눈으로 쳐다보았다.

"자네, 뭐 하나?"

"아, 아닐세."

"아니긴 뭐가 아니야. 내 아까부터 자네가 인석이만 쳐다보고 있는 걸 봤는데, 그래도 시치미를 뗄 생각인가?"

"저 아이 이름이 인석이야?"

"인석이를 모르면 가정리 사람이 아니지. 영리하고 예의 바르고……. 아무튼 참 괜찮은 녀석이야. 내가 장담하는데 저 녀석, 이 다음에 분명 큰 인물이 될 거야."

유중선은 사촌으로부터 유인석에 대한 이야기를 듣게 되었다. 제대로 된 스승을 만나 공부에만 전념한다면 큰 인물이 될 재목인데, 집안 형편이 어려워서 그러지 못하는 것이 안타깝다고 했다.

유중선은 그 말을 듣자 유인석이 안쓰럽게 느껴졌고, 자꾸 마음이 쓰였다. 그래서 여러 날을 고민한 끝에 유중곤을 찾아갔다.

"이보게, 내가 인석이를 양자로 데려가면 안 되겠나?"

"인석이를 양자로 달라고요?"

"무리한 부탁인 줄은 알지만 그래 주면 좋겠네."

"너무 뜻밖의 일이라 뭐라고 말씀을 드려야 할지……."

"내가 인석이를 쭉 지켜봐 왔는데, 보면 볼수록 마음에 들더군. 그 녀석을 내 곁에 둘 수만 있다면 내 뭐든 다 하겠네."

유중선은 유인석을 양자로 삼고 싶다고 솔직하게 털어놓았다. 그는 무리한 부탁인 줄 알지만 유인석을 아들로 삼아서 좋은 환경을 제공해 주고 싶다고 했다.

유중곤은 유중선의 제안에 난감해졌다. 아들에게 좋은 환경을 마련해 줄 수 있는 기회가 생긴 건 반가운 일이었으나, 믿고 의지하던 아들을 떠나 보낼 생각을 하자 마음이 무거웠던 것이다. 그는 생각할 시간을 달라고 했다.

그 날 저녁, 유중곤은 저녁상을 물리자마자 유인석을 앞세워 마을 앞 강가로 갔다. 산책을 핑계로 유인석의 마음을 떠볼 생각이었던 것이다.

유인석은 아버지가 무슨 할 말이 있구나, 하고 금방 눈치를 챘다. 아버지의 얼굴에 수심이 가득했기 때문이다.

"아버지, 무슨 일 있으세요?"

"일은 무슨……."

"그러지 말고 제게 털어놔 보세요."

"저, 그러니까 그게……."

유중곤은 한참을 망설이다가 낮에 있었던 일을 털어놓았다.

"아무리 생각해 봐도 널 그 집에 보내는 게 좋을 것 같구나. 네가 좋은 환경에서 자랄 수 있다면……."

"아버지……."

"네 족숙이 너의 든든한 버팀목이 되어 주실 게야."

이렇게 해서 유인석은 유중선의 양자로 들어가게 되었다. 1856년 그의 나이 열네 살 때의 일이었다.

유인석이 양자가 되어 들어간 집은 비교적 잘사는 집이었다. 사회적으로 존경받고 경제적으로도 탄탄한 집안이었기 때문에 유인석은 무엇 하나 부족한 것이 없었다.

"인석아, 옥은 쪼지 아니하면 그릇을 만들 수 없고, 사람은 배우지 아니하면 도를 알지 못한다고 했다."

"들어 알고 있습니다."

"그 속에 담긴 뜻도 알고 있느냐?"

"제대로 된 사람이 되기 위해서는 끊임없이 배워야 한다는 뜻이라고 알고 있습니다."

"잘 알고 있구나. 젊은 시절은 두 번 다시 돌아오지 않는다. 그러니 젊었을 때 부지런히 공부하거라."

"네, 아버지."

"인석아, 나는 네가 훌륭한 스승 밑에 들어가서 여러 사람들과 교류하며 지냈으면 좋겠는데, 네 생각은 어떠냐?"

"그렇게 할 수만 있다면 더 이상 바랄 게 없겠어요."

"그래, 그렇다면 나와 함께 화서 선생을 찾아가 보자."

유중선은 유인석을 화서 학파의 종장으로 있는 이항로에게 데리고 갔다. 이항로는 유중선이 양자로 들어간 집의 증조부인 유영오와 친분이 있는 사이였다.

"인석아, 인사드려라. 앞으로 네가 스승으로 모실 분이다."

"인사드립니다. 유인석이라고 합니다."

"네가 학문에 뜻을 두었다면 내 말을 새겨듣거라. 소년은 늙기 쉽고 학문은 이루기 어려우니 일촌의 광음도 가벼이 여기지 말라고 했다. 부지런히 배우고 뜻을 펼치도록 해라."

이항로는 유인석을 기꺼이 제자로 맞아들였다.

조선 후기의 성리학계는 이이를 중심으로 하는 기호 학파와 이황을 중심으로 하는 영남 학파로 크게 나뉘어 있었다. 이항로가 일생을 보낸 양평은 경기도 지방이었기 때문에 그는 자연히 기호 학파의 영향을 받으며 자랐다.

이항로는 기호 학파의 시조라고 할 수 있는 이이도 존경했지만, 그보다는 그의 제자였던 송시열을 더 존경했다. 그는 송시열이 공자와 주자의 뒤를 잇는 학자라고 생각했으며, 송시열을 통하지 않은 학문은 아무런 의의가 없다고 생각할 정도였다.

이항로는 16세에 초시에 합격할 정도로 뛰어난 인재였으나, 벼슬에는 나가지 않았다. 조정이 비리로 얼룩진 것을 보고, 벼슬길 대신 초야에 묻혀 학문에 전념하는 것이 낫다고 생각했기 때문이다.

고향인 양평에서 평생 학문에만 몰두했던 이항로. 그는 유학의 대가가 되었고, 수많은 제자들을 거느리게 되었다.

화서 학파의 일원이 된 유인석은 송시열의 '춘추 대의적 의리 정신'에 입각한 '소중화론'을 배우고 익히게 되었다.

"인석아, 중화의 명맥(성리학·유학·주자학)을 이어 오던 명나라가 청나라에게 망하면서 중화의 맥은 끊어지는 듯했단다. 하지만 중화의 맥은 끊어지지 않았어. 우리 조선이 그 맥을 전수했거든."

"스승님, 좀더 자세히 설명해 주십시오."

"조선은 단군과 기자의 옛 강토에서 일어난 나라야. 게다가 건국 이념으로 유학을 받아들였지. 다시 말해, 조선은 명나라로부터 중화의 명맥을 전수 받았고 명나라가 멸망한 지금 그 맥은 우리 조선에서 이어지고 있단다. 소중화란 이름으로."

유인석은 유학이 이웃 나라에서 시작되었으며, 명나라가 망하고 청나라가 들어서면서 유학의 발상지에서는 그 맥이 끊어졌지만, 대신 조선에서 소중화라는 이름으로 그 명맥이 계승되고 있다는 것을 어렴풋이 깨닫게 되었다. 또한 이항로가 송시열을 그토록 존경해 마지않는 이유가 그가 조선이 소중화의 맥을 이어갈 수 있도록 해 준 인물이기 때문이라는 것도 알게 되었다.

유인석은 이항로에게서 '소중화론'의 바탕에 깔려 있는 '존화 양이' 정신에 대해서도 철저히 익혔다. '화(유학·성리학·주자학 등 중화 문화)'를 지키기 위해서는 '화'와 대립하는 '이(서학이라 불리는 서양 학문과 왜학이라 불리는 일본 학문 등)'를 제거해야 한다는 것이 주된 내용이었다.

"인석아, 너는 서양을 어떻게 생각하느냐?"

"어떤 사람은 서양과 친해져야 한다고 하고, 또 어떤 사람은 서양을 멀리해야 한다고 하는데, 어느 쪽이 옳은지 아직 잘 모르겠습니다."

"인석아, 나는 서양을 멀리해야 한다고 생각하는 사람이다."

"스승님께서는 왜 서양을 멀리해야 한다고 생각하십니까?"

"조선은 유교의 나라. 그런데 요즘 서양에서 들어온 서교(서양에서 들어온 종교, 즉 천주교)가 판을 치고 있지 않느냐. 서교로 인해 유교가 흔들리고 있으니, 내가 어찌 서양을 좋게 생각하겠느냐."

조선은 건국과 동시에 유교인 유학(성리학·주자학)을 국가 지도 이념으로 받아들였다. 다시 말해 조선은 유교의 나라였던 것이다. 그런데 조선 후기에 들어서면서 서교가 들어오게 되자, 전통 사회를 떠받들고 있던 유학의 명분론은 점차 이완되기 시작했고, 더불어 유교 질서도 점점 파괴되기 시작했다.

조선은 충효를 최고의 덕목으로 알고 있는 나라였으며, 사회 계층을 나타내는 신분 제도 또한 아주 엄한 나라였다. 그런데 서교에서는 '하느님 앞에서는 모두가 평등하며, 제사는 미신이니 지내지 말라'고 했다.

서교의 세력이 확장되면 확장될수록 유교는 위협을 받았고, 유교를 받들던 유학자들 역시 위기 의식을 느끼게 되었다. 참다 못한 유학자들은 미풍 양속을 어지럽히는 서교를 뿌리 뽑아 달라고 조정에 건의하게 되었고, 그 결과 천주교 금지령이 내려졌다. 신해 박해, 신유 박해, 기해 박해, 병인 박해 등 서교에 대한 대대적인 탄압이 가해진 것도 모두 그 때문이다.

"인석아, 서양인들이 왜 우리 나라에 들어와서 사학(서양 학문)을 퍼뜨리는지 아느냐?"

"글쎄요."

"저들이 사학을 퍼뜨리는 이유는 다른 데 있는 게 아니야. 저들은 자기 동조자를 구해 우리 나라 실정을 탐지한 다음, 군대를 이끌고 쳐들어올 심산이란다."

"군대를 이끌고 쳐들어온다고요?"

"그들은 아름다운 우리 풍속을 진창 속에 쓸어 넣고, 재물을 약탈해 자신들의 탐욕을 채우려고 하는 것이란다."

이항로는 서교를 사교(사악한 종교)로 규정하고, 전통 사회를 수호하기 위해서는 전통 사회를 위협하는 사교를 몰아내야 한다고 했다. 반개화주의자인 이항로는 서양과의 교류는 나라를 망치는 일이라고 굳게 믿고 있었던 것이다.

이항로와 같은 유학자들이 이런 위기 의식을 갖게 된 것은 19세기 초 이래 빈번한 이양선 출몰과 서양의 청나라 침공 등이 한몫을 했다. 게다가 그 즈음 미국과 프랑스가 군대를 앞세워 개항을 강요하면서 행한 야만적 약탈 행위는 서양 오랑캐는 짐승이나 다름없다는 생각을 심어 주기에 충분했다.

'스승님 말씀이 옳아. 나라 안팎에서 일어나고 있는 여러 가지 사건의 발단이 다 서양으로부터 시작되었으니까. 스승님 말씀대로, 서양은 가까이 하면 안 될 존재가 분명해.'

유인석은 성리학적 전통 사회에 위협을 가하는 사교를 배척하고 유학인 정학을 지켜야 한다는 위정척사 사상에 깊이 공감하게 되었다.

유인석이 스물한 살 되던 해인 1863년에 고종이 왕위에 올랐다.

당시 조선은 안동 김씨들에 의해 좌지우지되는 세상이었다. 안동 김씨들은 순종·헌종·철종 3대에 걸쳐 세도 정치(왕실의 근친이 권력을 잡고 나라 일을 좌우하던 정치)를 해 오면서 왕과 왕족들을 통제해 왔다. 특히, 왕에게 후사가 없는 경우에는 왕이 될 수 있는 젊은 남자 왕족들에게 온갖 간섭과 통제를 가했다.

영조의 현손(손자의 손자)인 남연군 구(球)의 넷째아들로 태어난 흥선군 이하응 역시 그들에게는 경계의 대상이었다. 이하응은 안동 김씨들의 간섭을 피하기 위해 일부러 시정 잡배들과 어울리며 방탕한 생활을 했다. 그러자 안동 김씨들은 그를 미친 사람 취급하며 그에 대한 경계를 풀었다.

흥선군 이하응은 안동 김씨들의 눈을 피해 궁궐 최고 어른인 신정왕후 조씨(익종의 부인)와 은밀히 연락을 주고받았다. 그는 조 대비에게 당시 임금이던 철종이 후사 없이 승하할 경우 자신의 아들을 왕위에 올려 달라고 청했다.

신정왕후 조씨는 철종이 후사 없이 승하하자 약속대로 이하응의 둘째아들 명복을 양자로 삼아 익종의 뒤를 잇게 하고 대통을 계승하도록 지명했다. 그가 바로 조선 제26대 임금인 고종이다.

고종은 12세의 어린 나이에 왕위에 올랐기 때문에 조 대비가 수렴청정을 하고, 대원군 작위를 받은 이하응이 곁에서 고종을 도와 나라 일을 돌보았다. 흥선대원군은 안으로는 왕권을 강화하고, 밖으로는 미국·영국·프랑스·러시아 등 통상을 요구하는 외부 세력들을 차단하는 등 수많은 개혁을 단행했다.

그런 과정에서 병인양요(1866년, 흥선대원군이 프랑스 신부 등을 처형하자 프랑스 군이 이를 응징하기 위해 강화도를 공격한 사건)와

신미양요(1871년, 미국 상선 제너럴 셔먼 호가 통상을 요구하며 평양에서 소란을 일으켜 평양 시민들의 공격을 받아 배가 소각되자, 미국이 이에 항의하기 위해 강화도를 공격한 사건)가 일어나게 되었다.

프랑스와 미국이 무력을 앞세워 강화도를 점령하자, 전국적으로 위정척사 운동(성리학적 전통 사회에서 이단인 사교를 몰아내고 정학인 유학을 지켜야 한다는 운동)이 벌어졌다. 기존 질서를 파괴하는 서양 세력을 적극적으로 배척해야 한다는 운동이었다.

위정척사 운동은 전국의 유림(성리학자)들에 의해서 시작되었으며, 그 가운데에서도 특히 춘추 대의적 의리와 명분에 입각한 존화 양이 정신에 더욱 철저했던 화서 학파가 그 선봉에 있었다.

"인석아, 너는 양이에 대해서 어떻게 생각하느냐?"

"스승님 말씀대로, 양이와 맞서 싸워야 한다고 생각합니다. 하지만 어떻게 맞서야 할지는 아직 잘 모르겠습니다."

"인석아, 팔도에서 덕망 있는 인재 한 사람씩을 뽑아 의병을 일으키면 양이로부터 왕실을 보호할 수 있지 않겠느냐?"

"의병이라……."

"의병을 일으켜 양이와 맞서 싸워야 한다. 양이를 물리치려면 맞서 싸우는 수밖에 없어."

이항로는 유인석에게 양이로부터 나라를 구할 수 있는 방법은 의병을 일으키는 것이 최선이라고 했다.

"인석아, 한양 갈 채비를 하거라."

"스승님, 거동도 불편하신데 괜찮으시겠어요?"

"나라가 이렇게 어지러운데 내 어찌 가만히 보고만 있을 수 있겠느냐."

"알겠습니다."

유인석은 이항로를 모시고 한양으로 가서 척화소를 올리는 일에 참여했다. 그의 나이 스물다섯 되던 해인 1866년의 일이다.

팔도에서 각각 인망 있는 사람을 하나씩 뽑아 호소사로 삼고, 그들로 하여금 충의의 사람들을 수습하여 의려를 만들게 한 다음, 그 의려를 관군과 함께 서로 응원하게 하여 적이 오면 왕실을 보호하고 적이 물러가면 윤리를 밝히어 사교를 종식시킨다면 오히려 전화 위복의 기회가 될 것입니다.

이항로는 척사론에 입각한 상소문을 올리면서, 양이의 공격을 물리칠 수 있는 방법은 '의려(의병)'를 조직하는 것이 최선이라고 했다.

이항로가 상소를 올린 직후, 그의 문인인 양헌수가 강화도를 침범한 프랑스 군을 물리치는 주역이 되었다. 그는 이항로가 구상한 '의려'와 같은 방법으로 병사를 모집했고, 전투를 승리로 이끌었다.

유인석은 이항로의 척사 상소 운동을 수행하면서 스승의 행동이 정치에 그대로 반영되는 것을 보며 깨달은 바가 많았다. 그는 척사론의 신봉자가 된 것이다.

흥선대원군 역시 척사론에 입각한 쇄국 정책을 고집했다. 그는 전국 각지에 척화비를 세워 백성들에게 위정척사 사상을 심어 주었다.

서양 오랑캐가 침범할 때 싸우지 않으면 화친하는 것이다. 화친을 주장하는 것은 곧 나라를 팔아먹는 것이다. 자손 만대에 이를 경계하기 위해 병인년에 지어 신미년에 세우다.

2. 수구파와 개화파의 갈등

　유인석이 27세 되던 해인 1868년에 스승인 이항로가 세상을 떴다. 그러자 그의 학맥은 제자인 김평묵과 유중교로 이어졌다. 유인석은 이항로에 이어 김평묵과 유중교를 스승으로 모셨다.

　유인석은 존화 양이의 견지에서 공자·주자·송시열·이항로를 최고로 존중했으며, 단군과 기자에 대해서도 조선에 처음으로 중화의 기틀을 마련해 준 인물이라 해서 특별한 의미를 부여했다.

　유인석은 김평묵과 유중교를 스승으로 모시면서, 화맥의 보존을 위해 최선을 다했다.

　유인석은 이항로가 없는 양평에서 더 이상 머무를 필요성을 느끼지 못했다. 그래서 고향인 가정리로 돌아왔다. 그는 가정 서사에서 훈장 노릇을 하며 지내고 있었다.

　고종의 아버지인 흥선대원군은 아들을 등에 업고 온갖 권세를 다 누렸다. 그는 권력의 달콤함에 맛을 들여 고종이 나라 일을 혼자 처리할 수 있을 만큼 훌쩍 자랐는데도 정치에서 손을 떼려고 하지 않았다.

　고종은 친정 의욕을 표시하면서 흥선대원군과 대립하게 되었고, 고종의 비 민씨가 한몫 거들게 되면서 평온하던 조정에 파란이 일기 시작했다.

고종은 즉위 3년째 되던 해인 1866년 3월에 여성부원군 민치록의 딸을 왕비로 맞아들였다.

흥선대원군은 왕실 외척들의 세도 정치에 진저리가 난 터라, 고종의 비는 친척이 많지 않은 집안에서 고르리라 벼르고 있었다. 이에 대원군의 아내 부대부인 민씨는 자신의 먼 친척인 민치록의 딸을 적극 추천했다. 여덟 살의 어린 나이에 부모를 여의고 혈혈단신으로 자랐지만 어디 하나 나무랄 데가 없는 아이라는 것이다.

흥선대원군은 부대부인의 말을 믿고, 민치록의 딸을 왕비로 간택했다. 그녀가 바로 명성왕후 민비다. 민비는 어려서부터 혼자 힘으로 자신의 운명을 개척해 왔기 때문에 야무지고 영리하기 이를 데 없었다. 고종은 왕후의 그런 점이 마음에 들지 않았다.

고종은 똑 부러진 왕후보다는 애교 많은 궁녀 이씨를 총애했고, 궁녀 이씨는 그에 보답이라도 하듯 선뜻 아들을 낳았다. 흥선대원군은 궁녀 이씨와 이씨의 아이를 무척 아꼈다. 그래서 이씨가 낳은 아들을 세자로 삼으려고 했다.

민비는 궁녀의 몸에서 난 아이를 세자로 삼으려고 하는 흥선대원군의 행동에 불만을 품게 되었고, 이를 눈치챈 민승호(민비의 양 오빠)는 정적들을 이용해 대원군을 몰아내라고 민비에게 충고했다.

민비는 이항로의 제자이자 유림의 우두머리 격인 최익현을 불러,

고종이 직접 정치를 할 수 있는 나이가 되었으니, 대원군이 정치에서 손을 떼야 하지 않겠냐고 물었다. 최익현은 당연히 그렇게 해야 한다고 하면서 대원군의 하야를 촉구하는 상소를 올렸다.

최익현의 상소를 시작으로, 고종으로 하여금 친정을 하게 하라는 상소가 빗발치자, 흥선대원군은 더 이상 버틸 명분이 없었다. 그래서 고종에게 정권을 물려주고 정계 일선에서 물러났다.

친정을 시작하게 된 고종은 대원군과 그의 측근들을 관직에서 몰아내고, 자신에게 정권을 되찾아 준 여흥 민씨와 그 측근들을 주요 관직에 등용했다.

흥선대원군을 지지하던 사람들이 위정척사 세력이라면, 민비와 그의 측근들은 개화를 지지하는 세력이었다. 개화 세력들은 쇄국 정책을 끝내고, 청나라와 일본처럼 서양 문물을 받아들여야 한다고 주장했다.

1875년, 일본은 임진왜란으로 인해 단절되었던 국교를 재개하기 위해 운요호 사건(일본이 해안 측량을 구실로 운요호를 강화도 해안에 접근시키자 조선군이 영토에 대한 불법 침입을 이유로 발포한 사건)을 일으켰다. 일본은 이 일을 빌미로 조선 영해에서 무력 시위를 벌이며 개항과 통상을 요구했다.

고종은 전권 대신에 신헌을, 부관에 윤자승을 임명해, 회담 장소인 강화도 연무당으로 파견했다. 일본도 전권 대사 구로다 기요타카와 부전권 대신 이노우에 가오루를 협상단으로 파견했다.

이 일이 알려지자, 전국적으로 개항 반대 운동이 일어났다. 개항 반

대 운동을 이끈 사람은 흥선대원군의 측근들과 유림들이었다.

일본과 강화를 하게 되면 이는 일본의 위협에 굴복하는 것이다.
일본은 왜라고 일컬으나 사실은 서양과 다름이 없으니 일단 강화가 성립되면 사학이 전수되어 온 나라에 퍼지게 될 것이다.
뿐만 아니라 일본인이 우리 나라에 들어와 왕래를 하게 되면 백성들의 재산은 그들에게 약탈당하고 말 것이다.
일본은 인리를 모르는 금수이니, 금수와 화호하는 일은 있을 수 없다.

최익현은 강화도 회담이 한창이던 시각에 도끼를 들고 대궐로 가서 '지부복궐척화의소'라는 상소를 올렸다. 지부복궐척화의소는 도끼를 들고 궁궐 앞에 엎드려 올리는 척화를 주장하는 상소라는 뜻이다.

최익현은 일본과 서양은 다를 바가 없다고 하면서 일본과 조약을 맺는 것은 곧 서양과 조약을 맺는 것과 같다고 주장했다. 그러면서 '선현으로부터 내려오는 우리 나라 강산이 하루아침에 금수의 땅'이 되는 것을 두고 볼 수 없기에 상소를 올린다고 했다.

최익현은 임금이 다니는 길에 도끼를 들고 나타나 함부로 상소를 올렸다고 해서 흑산도로 귀양을 떠나게 되었다.

유인석은 이 소식을 전해 듣고 가만히 있을 수가 없었다. 그래서 스승인 김평묵과 유중교를 찾아갔다.

"스승님, 나라가 어찌 되려고 이 모양인지 모르겠습니다."
"불한당 같은 소인배들에 의해 세상이 좌지우지되다 보니 이런 일이 생기는구나."
"스승님, 난세를 극복하는 방법을 알려 주십시오."
"난세에는 조용히 때를 기다리거라."
"침묵하고 기다리다 보면 때가 오게 마련이다."

김평묵과 유중교는 조용히 때를 기다리라고 했다. 하지만 피 끓는 젊은이였던 유인석의 생각은 그들과 달랐다.

유인석은 가깝게 지내던 화서 학파 문인인 유중악·이근원·홍재구 등을 만나 답답한 마음을 털어놓았다.

"일본은 예전의 일본이 아닙니다."
"그렇습니다. 근대화 이후 일본은 서양과 다름없습니다."
"일본을 받아들이는 것은 서양을 받아들이는 것과 마찬가지입니다."
"일본의 요구를 받아들여서는 안 됩니다."

유인석은 뜻이 맞는 문인들과 함께 '절화소'를 올리기로 했다. 경기도와 강원도 일대에 흩어져 있던 화서 학파 문인 47명은, 일본은 서양과 마찬가지이니 일본과 조약을 맺어서는 안 된다는 내용의 '절화소'를 작성해 올렸다.

왜는 양적이기 때문에 개항을 하고 그들을 받아들인다면, 우리 모두는 금수가 되고 말 것이다. 우리 모두가 망하게 될 것을 알면

서 왜 일본과 협상을 하려고 하는가.

여기에 일본을 몰아낼 방법이 있다. 백성들로 하여금 서양 물건을 가까이 하지 못하게 하고 사교를 엄격히 금한다면 일본의 그릇된 야욕을 막아낼 수 있을 것이다.

전국에서 유림들의 상소가 빗발치자, 조정 대신들은 해결 방법을 찾아야만 했다. 그래서 대궐 안에 머물고 있던 청나라 대신 이홍장을 찾아가 그의 의견을 들어 보기로 했다.

"국내외 정세를 종합해 볼 때, 쇄국보다는 개국을 하는 게 바람직할 것이오. 개국을 미루었다가는 대원군이 득세할 빌미를 제공하게 될 테니까요. 게다가 일본은 군대까지 동원하지 않았소. 내 생각에는 개국을 선택하는 편이 좋을 것 같소."

이홍장의 말을 들은 개화파 대신들은 더 이상 개국을 미루어서는 안 되겠다고 생각했다. 그래서 1876년(고종 13년) 2월 27일 일본이 제시한 조일 수호 협약(강화도 조약)을 받아들이기로 했다.

조선은 일본과 동등한 입장에서 강화도 조약을 맺었지만 이 조약은 조선에게는 불리한 불평등 조약이었다. 영사 재판권과 치외 법권 그리고 해안 측량권을 일본에게 내주어야 했기 때문이다.

강화도 조약은 우리 나라 최초의 근대적 조약이다. 이 조약의 체결로 인해, 조선은 부산·원산·인천을 개항하고, 한양에 일본 공사관을 설치해 사절을 교환하는 등 여러 가지 개화 시책을 추진했다.

일본과 수교 이후, 고종은 미국과 프랑스 그리고 러시아 등 구미 열강과도 차례로 조약을 맺고 통상 관계를 가지는 개항 정책을 실시하게 되었다.

고종은 일본과의 국교 재개를 기념하기 위해 일본에 신사유람단과 수신사를 파견했다. 일본의 선진 문물을 받아들이기 위해서였다.

김기수에 이어 제2차 수신사로 일본에 파견되었던 김홍집은 그곳에서 우연히 청국 공사 하여장과 그 휘하의 참찬관 황준헌을 만나게 되었다. 황준헌은 국제 정세와 앞으로 조선이 나아갈 길에 대해 이야기하면서 〈조선책략〉이라는 책을 김홍집에게 선물했다. 〈조선책략〉에는 러시아가 조선을 침략할 가능성이 매우 높은 이때, 조선은 러시아의 남하를 막기 위해서 청나라와 친하고, 일본과 손을 잡고, 미국과 연대해야 한다고 적혀 있었다.

김홍집은 귀국 보고를 하면서 고종에게 이 책을 건넸고, 고종은 깨달은 바가 있어 이를 전국의 유림에 배포했다.

"친청, 결일, 연미라니······."

유교 사상에 길들여져 있던 유생들은 사교와 사학을 배척하며 양이 정책을 굳게 지켜 온 조선 왕조가 이제 와서 일본과 같은 서양을 우대하여 맞이하는 것은 이해할 수 없는 일이라며 크게 반발했다.

조정 대신들은 개화파와 수구파로 나뉘어 사사건건 대립했다. 민비의 측근인 개화파는 황준헌의 주장을 적극 지지했고, 대원군 주변의 수구파는 황준헌의 주장에 끊임없이 이의를 제기했던 것이다.

그 즈음, 영남 지방에 거주하는 1만 여 명의 유생들이 '만인소'라는 상소를 올렸다. 이 상소에는 〈조선책략〉을 저술한 황준헌은 청나라 사람이라고는 하지만 사실 일본의 앞잡이이며 그 같은 사람이 쓴 책을 가져와 전파시킨 김홍집 역시 처단해야 마땅하다고 했다. 뿐만 아니라 〈조선책략〉과 같은 사악한 내용의 책은 모두 거두어들여 소각하는 것이 바람직하다고 했다.

강원도 유생 홍재학은 김홍집을 처단해야 하는 것은 물론이고, 대신들과 고종까지도 비판받아 마땅하다는 내용의 '만언척사소'라는 상소를 올렸다. 전국 각지에서 빗발치는 상소로 인해, 고종은 정치적 생명에 위협을 느끼게 되었다. 개화파 대신들도 마찬가지였다.

그때, 대원군의 측근인 안기영 등이 고종의 이복형인 이재선을 왕으로 옹립하려는 역모를 꾸미다가 발각되었다. 이 일로 인해, 척사 상소 운동은 가까스로 제압되었다. 고종은 '만인소'를 올린 영남 유림 대표 이만손을 유배 보내고, '만언척사소'를 올린 홍재학은 능지처참하게 했다.

'좋은 약은 입에 쓰지만 병에 이롭고, 충고하는 말은 귀에 거슬려도 행함에 이롭다고 했건만, 이 나라 대신들은 어째서 백성들의 충고에 귀를 기울이지 않는 것인지…….'

유인석은 어지러운 세상 소식을 접하고 마음이 답답해졌다. 그래서 홍천강이 보이는 언덕에 올라 흐르는 강물을 내려다보았다. 그렇게 하면 답답한 마음이 조금이나마 풀렸기 때문이다.

어느 날, 유중교가 유인석을 불러 이렇게 말했다.

"인석아, 이곳도 예전 같지가 않구나."

"무슨 말씀이신지……."

"더 이상 머무를 만한 곳이 못 된다는 말이다."

유인석이 자신의 말뜻을 제대로 이해하지 못하자, 유중교가 부연 설명을 했다.

"춘천이 한양과 가까워서 그런지 서양인들의 왕래가 빈번하다는 말이다."

"아, 그런 말씀이시군요."

"어디 조용히 머무를 만한 곳이 없겠느냐?"

"제가 한 번 찾아보겠습니다."

"내 생각으로는 호서 지역이 좋을 것 같구나."

"제가 당장 호서 지역에 내려가 머무르실 만한 곳을 찾아보고 오겠습니다."

유인석은 유중교가 학문에만 전념할 수 있도록 조용한 곳을 찾아나섰다. 그는 호서 지방 여러 곳을 둘러본 뒤, 제천의 장담(현재의 충북 청원군 봉양면 공전리 일대)이라면 유중교가 좋아할 만한 곳이라고 생각했다. 유인석이 제천의 장담으로 이주할 것을 권유하자, 유중교는 가정 서사를 유인석과 유중악에게 넘기고, 장담으로 내려갔다. 1889년 가을의 일이다.

유중교는 제천의 장담에서 장담 서사를 열었다. 그러자 그의 제자들이 장담으로 몰려들기 시작했다. 청풍의 서상렬, 포천의 홍순항, 양구의 주용규 등이 스승을 따라 장담으로 이주했다.

유중교는 장담 서사에 머무르며 주자, 송시열, 이항로의 학문을 계승하는 강회를 열고 향음례를 거행했다. 향음례란 유생들이 한 자리에 모여 향약을 읽고 술을 마시며 화합을 도모하던 예를 말한다.

유중교가 장담으로 내려오자, 제천에는 화서 학파를 중심으로 하는 새로운 학문적 열기가 조성되었다. 제천이 화서 학파의 중심지가 된 것이다. 화서 학파를 대표하는 인물이었던 유중교는 장담에 내려간 지 얼마 되지 않은 1893년 세상을 떴다.

유중교가 세상을 뜨자, 유인석은 화서 이항로→중암 김평묵→성재 유중교로 이어지는 화서 학파의 정통 도맥을 계승한 학파를 대표하는 인물이 되었다. 유인석은 유중교의 학문적 기반을 계승하기 위해 춘천의 가정 서사를 떠나 제천의 장담 서사로 근거지를 옮겼다.

유인석은 장담 서사에 그가 평소 존경하던 주자와 송자 그리고 화서 세 분의 영정을 모시고, 매월 상·중·하 세 차례에 걸쳐 강회를 열었다. 강회 내용은 〈사서삼경〉, 〈소학〉, 〈동몽선습〉 외에 주자와 중암 그리고 성재의 글이 중심이 되었다.

유인석은 강회와 함께 한 달에 2, 3회 정기적으로 동문들과 인근 유림들을 불러 모아 존화 양이론과 의리 정신을 논하며 향음례를 거행했다. 단순히 친목을 도모하는 향음례가 아니라 상하간의 엄숙한 질서를 재확인하고 일체감을 확인하는 자리였다.

유인석이 화서 학파의 도맥 보존과 후진 양성에 힘쓰고 있는 동안, 조정 대신들은 개화파와 수구파로 나뉘어 대립하고 있었다.

그러다가 두 파 사이가 악화되어 1882년 임오군란과 1884년 갑신정변이 일어났다. 임오군란이란 신식 군대 별기군을 못마땅하게 여기던 구식 군대 군인들이 일으킨 난이다. 그 결과 대원군이 다시 집권하게 되었고, 고종과 민비는 대원군을 정치에서 물러나게 하려고 청나라에 도움을 청해 대원군을 청나라로 유폐시켰다.

갑신정변이란 김옥균 등 개화파들이 일본을 등에 업고 우정국 개설 축하 연회에서 수구파의 우두머리 등을 죽이고 3일 동안 정권을 잡은 사건이다. 고종과 민비가 청나라와 새로운 관계를 모색하려고 하자 이에 위기감을 느낀 개화파 관료들이 개화당 정부를 세우려고 하다 실패했다. 조정이 어지러운 틈을 타 지방 관리들은 제 배 채우기에 급급했고, 전라도 고부 지방에서는 고부 군수 조병갑의 횡포를 견디다 못한 동학 교도들과 농민들이 1894년 민란을 일으키게 되었다. 이를 동학 농민 운동이라고 한다.

보국 안민과 폐정 개혁을 기치로 내건 농민 운동이 확산될 기미를 보이자, 고종은 청나라에 지원군을 요청했다. 일본도 군대를 동원했다. 그러자 동학 농민군은 관군과의 회담을 통해 화의를 약속하고 싸움을 중단하기로 했다.

조선에 파견된 청나라 군대와 일본 군대는 세력 다툼을 벌였고, 급기야 청일 전쟁이 일어나게 되었다. 전쟁에서 승리한 일본은 대원군으로 하여금 정치를 하게 하고, 청나라에 의지하려고 했던 민씨 일파를 몰아냈다.

일본의 내정 간섭이 본격화되자, 동학군이 외세 배격을 주장하며 다시 일어났다. 일본은 대원군이 자신들에게 비협조적으로 나오자, 그가 동학당을 선동하고 청나라를 끌어들이려고 한다면서 정계에서 몰아냈다.

1894년 일본은 김홍집 등 개화파를 중심으로 한 친일 내각을 세워, 갑오개혁을 단행했다. 군국기무처라는 개혁 추진 기구를 설치하고, 정치·경제·사회 등 여러 방면에서 개혁을 실시한 것이다.

일본은 친일 대신들로 하여금 갑오개혁의 기본 내용을 담고 있는 홍범 14조를 승인하게 했는데, 거기에는 조선은 청에 의존하지 말 것과 종실과 외척의 내정 간섭을 금하는 내용이 들어 있었다.

'왜놈들이 이 땅에서 청나라 세력을 몰아내고, 대원군과 민비의 정치 간섭을 없애려고 하는구나.'

유인석은 일본의 속셈을 알아채고 걱정스러운 얼굴이 되었다. 일본이 노골적으로 조선의 내정에 간섭하기 시작한 것 같았기 때문이다.

"선생님, 소문 들으셨습니까?"

"소문이라니?"

"이번 개혁으로 인해 흑색 양복을 입어야 한다고 합니다."

"어허, 이런 변고가······."

"선생님, 이제 의복까지 저들 마음대로 하려고 하니 이를 어쩌면 좋습니까?"

"누가 감히 선왕의 법복을 훼손하라고 한단 말인가? 그럴 수는 없지. 암, 그럴 수는 없고 말고."

유인석은 전통 의복을 버리고 서양 의복으로 바꾸어 입으라고 하는 친일 내각의 행동에 어이가 없었다. 그는 서양 의복을 입는 것은 화맥과 도맥을 비롯해 조선의 정신을 말살시키고 우리 고유의 전통을 단절시키는 행위라고 보았다.

"저들이 소중화인 조선을 하루아침에 소일본으로 전락시키려고 하는구나. 이런 대변고 앞에서는 죽음을 각오하고 거의(의병을 일으킴)하는 수밖에."

유인석은 분통을 터뜨렸다.

얼마 뒤, 유인석은 제자들과 함께 전통 법복을 입고 제천 시내를 활보했다. 그들이 금지된 법복을 입고 거리를 활보한 것은 유교 문화에 대한 불변의 가치를 강조하고, 전통을 말살하려는 일제에게 굴하지 않겠다는 의지를 보여주기 위함이었다.

"선생님, 세상이 이렇게 어지러운데 가만히 보고 있으라니요. 어떻게 가만히 보고만 있을 수 있단 말입니까?"

"가만있지 않으면 어쩌려고?"

"우리가 의를 내세워 군사를 모으면 많은 사람들이 호응할 것 같은데, 아닌가요?"

어느 날, 유인석은 제자인 배동환에게 느닷없는 질문을 받았다.

"우리는 초야에 묻혀 글이나 읽는 선비인데, 그런 선비가 군사를 모은다고 하면 누가 따르겠는가?"

"하지만……."

"그럼에도 불구하고 정 군사를 모아야 한다면, 춘추 대의를 앞세우고 그런 다음 지위가 높고 명망이 있는 자를 적극 가담시켜 군사를 일으키면 될 것일세."

"선생님, 군사를 모은 다음에는 어떻게 해야 하나요? 식량과 무기 등의 비용은 어떻게 충당해야 하나요?"

"군사를 유지하기 위해 필요한 경비는 나라에서 비축해 둔 재물과 백성의 창고에 저축되어 있는 재물을 취하면 되네. 진정으로 나라를 위하고 백성을 위한 일이라면 기꺼이 그리 해도 되지."

유인석은 제자들에게 군사를 일으키는 방법과 군수 물자를 확보하는 방법 등을 일러 주었다.

그 즈음, 일본은 청일 전쟁에서 승리한 대가로 받은 랴오둥 반도를 러시아·독일·프랑스 세 나라의 압력으로 인해 청나라에 다시 반환했다.

민비는 일본을 혐오하고 있던 고종에게 러시아의 힘을 빌려 일본을 견제하라고 충고했다. 그러자 고종은 일본의 영향력을 배제하기 위해 친러 정책을 실시하고, 일본군을 조선에서 몰아내고자 했다.

일본 공사 미우라 고로우는 러시아의 세력이 커질수록 자신들의 입장이 불리해질 것을 염려한 나머지 러시아와 연합해 일본에 맞서려는 민비를 제거하기로 했다. 1895년 8월 20일 그는 일본 낭인 오카모토 등을 불러들여 경복궁을 기습하게 하고 급기야 민비를 살해했다. 이를 을미사변이라고 한다.

일본은 친일파로 하여금 정권을 장악하게 하고 민비 시해 사실을 은폐하려고 했다. 그러나 대궐 안에 머물며 이를 목격한 미국인 고문 다이와 러시아 인 기사 사바틴에 의해 이 일은 곧 외부로 알려지게 되었고, 일본은 국제적 지탄을 면할 수 없었다.

김홍집의 친일 내각은 일본의 압력으로 민비를 죄인으로 만들어 폐위시키는 조칙을 발표했다. 범인을 색출할 생각은 않고 일본의 꼭두각시 노릇만 하고 있었던 것이다.

'민비는 자신의 친당을 끌어들여 국왕의 총명을 옹폐하고 정치를 문란케 해서 그 죄악이 크므로 폐위시켜 서인으로 삼는다.'

이 소식이 알려지자, 이건창·최익현 등 유림들이 폐위 소칙을 서두고 범인을 잡아 처벌하라는 상소를 올리기 시작했다. 유림들뿐만 아니라 온 나라 백성들이 하나 같이 민비의 폐위에 반대하고 나섰다.

을미사변이 국내외에서 지탄을 받게 되자, 일본은 이를 사죄하고 형식적으로나마 진상 조사에 나섰다. 덕분에 서인으로 폐위되었던 왕후는 다시 신원될 수 있었다.

김홍집은 을미사변으로 인해 나라가 어수선한데도 1895년 11월 15일 또다시 정치·경제·사회 전반에 걸쳐 개혁을 단행했다. 이를 을미개혁이라고 한다. 김홍집 내각은 을미개혁을 통해 양력 사용, 연호 사용, 종두법과 우편 제도 실시, 단발령 등을 실행하고자 했다.

일본은 머리털을 자르면 위생에 좋다고 하면서 단발을 강요했다. 하지만 백성들의 호응을 얻지 못했다. 단발령이 내려졌음에도 불구하고 별다른 호응이 없자, 일본은 고종과 왕태자에게 모범을 보이라며 억지로 단발을 시키고 양복을 입혔다. 그러고도 마음이 놓이지 않아, 유생들의 정신적 지도자인 최익현을 대궐로 불러들여 단발을 강요했다. 그가 단발을 하면 유생들이 다 따라할 줄 알았던 것이다.

"너희가 내 머리는 자를 수 있을지 몰라도, 내 머리털은 자를 수 없을 것이다."

최익현은 어떤 압력에도 굴하지 않았다. 이 일이 알려지자, 최익현을 지지하고 격려하는 유생들의 상소가 빗발쳤다.

백성들의 반발이 계속되는데도 일본 정부는 개의치 않았다. 각지에 체두관과 순검을 풀어 길 가는 사람들을 붙잡아 강제로 머리카락을 자르게 했고, 행인이 뜸하다 싶으면 아무 집이나 들어가 집주인을 붙잡아 머리카락을 잘랐던 것이다. 깊이 숨지 못하면 모두 머리카락을 잘릴 판국이었다.

한양 사람들은 집안에 들어앉아 문을 꼭꼭 걸어 잠그고, 볼일이 있어 한양에 올라왔던 사람들은 단발령이 무서워 귀향을 서둘렀다. 단발령을 피해 아예 지방으로 이사를 가는 한양 사람들도 생겨났다.

일이 이쯤 되자, 한양과 지방 사이의 통행이 끊기게 되었고, 생활 필수품의 가격이 폭등해 백성들의 고통은 더해만 갔다.

"선생님, 조정 대신들은 일본의 앞잡이가 분명합니다."
"어째서?"
"왕후를 시해하고도 모자라 이제는 머리카락까지 자르라고 하지 않습니까?"
"이게 어떤 머리칼인데……."
"선생님, 저도 같은 생각입니다. 머리를 깎고 흥하느니 차라리 머리를 보존하고 망하는 편이 훨씬 낫습니다."
"맞습니다. 사람 치고 태어나 죽지 않는 사람이 없으니 머리를 깎고 사느니 차라리 머리를 보존하고 죽는 것이 나을 겁니다."
"나도 자네들과 같은 생각이네. 몸과 머리털과 살은 부모에게서 받은 것이니 감히 헐거나 상처 내지 않는 것이 효도의 시작이요, 입신출세하고 도를 행하여 이름을 드날림으로써 부모의 이름을 나타내는 것이 효도의 끝이라고 했는데, 오랑캐나 할 단발과 변복을 어찌 우리에게 강요한단 말인가."

유인석은 비통한 심정을 제자들에게 털어놓았다. 그리고 지나가는 말처럼 한마디 했다.

"이제 조선의 국운도 다한 듯싶구나."

3. 의병 대장이 되어

　을미사변과 단발령을 계기로 전국 각지에서 의병이 봉기했다. 이를 을미 의병(1895년)이라고 한다. 장담 서사에 머물며 유중교의 문집 간행에 몰두하고 있던 유인석은 의병 봉기 소식을 듣고 가만히 있을 수 없었다. 그래서 1895년 6월 24, 25일 이틀 동안 강습례와 향음례를 거행하겠다고 했다.

　장담 서사에서 강습례와 향음례가 열린다는 소식이 전해지자, 이항로의 문인들은 물론이고 인근 지역 유생 500~600명이 장담 서사로 모여들었다. 유인석은 첫째 날은 강습례를, 둘째 날은 향음례를 거행하면서 모인 이들과 함께 환난에 대처하는 방안을 논의했다.

　"선생님, 충주 관찰사 김규식이 단발을 하고, 제천 군수 김익진 역시 단발령에 적극적으로 호응하고 있습니다. 이럴 때 우리는 어떻게 대처해야 합니까?"

　향음례에 모인 유생들이 조심스레 물었다. 그러자 유인석은 환난에 대처하는 세 가지 방법을 그 자리에서 일러 주었다.

　"나라에 큰 환난이 닥쳤는데 이를 모른 체한다면 백성 된 도리가 아닐 것이다. 환난이 닥쳐 왔을 때, 우리가 할 수 있는 일은 다음 세 가지다. 첫째는 거의소청 하는 것이고, 둘째는 거지수구 하는 것이고, 셋째는 치명수지 하는 것이다."

거의소청(擧義掃淸)이란 의병을 일으켜 왜적을 소탕하는 것을 말하고, 거지수구(去之守舊)란 나라 밖으로 망명해 대의를 지키고 우리 전통 문화를 지키며 여생을 보내는 것을 말한다. 마지막으로 치명수지(致命守志)란 금수로 변하는 세상을 등지고 스스로 절개를 지키기 위해 조용히 목숨을 버리거나 은둔하는 것을 말한다.

유인석은 환난이 일어났을 때는 군사적 항쟁(거의소청)을 할 수도 있고, 정신적 항쟁(거지수구, 치명수지)을 할 수도 있다고 하면서 이 모두가 의에 합당하니, 각자의 처지에 따라서 선택하라고 했다.

"앉아서 죽음을 기다릴 바에는 차라리 의병을 일으켜 왜놈들과 싸우는 게 낫지."

"장대 꼭대기에 깃발을 달고 적을 꾸짖다가 죽더라도 이는 아무 일도 하지 않는 것보다 낫고, 또 대의를 후세에 펴는 일이니, 이보다 더 의로운 일은 없을 거야."

"자정하기도 어려우니 차라리 일을 하다가 형세에 부딪쳐 죽는 것이 옳을지도 몰라."

유인석의 문인인 이필희·안승우·이범직은 이와 같이 거의소청을 주장했다.

"선생님도 저희들과 함께 하실 거죠?"

안승우가 유인석에게 물었다.

"사욕을 버리고 나라를 위해 충성하겠다는 자네들이 자랑스럽네. 거의해서 나라의 원수를 갚는다면 그것만큼 통쾌한 일이 어디 있겠나? 하지만 큰 역량이 없으면 공을 기대하기 어려우니 조심하게. 나는 아무래도 덕이 부족해서 거지수구 해야 할 것 같네."

유인석은 자신은 역량이 부족해 거의하지 못하겠다고 했다. 대신 간도로 들어가 전통 문화를 수호할 생각이라고 뜻을 밝혔다.

"맹자님께서 말씀하시길, 섬김 중에 가장 으뜸은 부모를 섬기는 일이라고 했네. 삼년상을 채우려면 아직 멀었으니 그런 나를 이해해 주게."

유인석은 마침 어머니 상중이었다. 양어머니인 덕영 이씨가 돌아가신 지 얼마 되지 않았던 것이다. 유인석은 집안일도 미처 다스리지 못한 처지에 어떻게 나랏일에 나서겠냐며 제자들에게 이해를 구했다.

유인석이 거지수구 하겠다고 하자, 주용규·원용정·이조승·홍덕표 등이 유인석을 따르겠다고 했다.

그 무렵, 유인석의 제자 안승우는 아버지 안종응으로부터 지평으로 돌아오라는 연락을 받았다. 안종응이 지평에서 의병 봉기를 준비하고 있었기 때문이다. 안승우가 지평으로 돌아갈 준비를 하고 있을 때, 지평 출신 이춘영에게서 연락이 왔다. 그는 의병을 일으킬 생각이라면서 유인석에게 자문을 구하고자 했다.

"우리 나라의 용맹한 용사들은 전부 서북 지방(황해도와 평안도)에 있고, 재물과 지혜로운 인재는 모두 동남 지방(영남 지방)에 있으니, 원주와 제천 일대에 근거지를 세워서 오른쪽으로는 서북의 군사를 모으고 왼쪽으로는 동남의 인재를 모은다면 반드시 큰일을 이룰 수 있을 것이오."

유인석은 중부 지역 일대에 의병의 근거지를 구축한 다음, 서북 지역의 우수한 전투력과 영남 지역의 풍부한 재력과 인력을 집결시키라고 충고했다. 안종응은 아들 안승우에게 이춘영이 의병을 일으키려 한다는 소식을 듣고, 이춘영을 찾아가 자신과 힘을 합하자고 했다.

"지평 포군 김백선이 맹영재 군수를 찾아가 의병을 일으키자고 했다고 합디다. 그런데 맹영재가 감언이설로 달래려고 드니, '뭐 이런 사또가 다 있어' 하며 관청을 부수었다고 하던데, 그를 우리편으로 만들면 어떻겠소?"

그래서 두 사람은 그 길로 김백선을 찾아가 의병 봉기에 합류할 것을 제의했다. 김백선은 기꺼이 그들의 제안을 받아들였다.

안승우 부자와 이춘영 그리고 김백선은 뜻을 같이 하기로 하고, 유인석의 충고대로 중부 지역에서 기병하기로 했다.

1896년 11월 28일, 지평 의병은 원주 안창에 집결해 창의(국난을 당하였을 때 나라를 위하여 의병을 일으키는 것)를 선포하고, 원주 관아를 공격했다. 지평 의병은 이춘영과 안승우의 지휘 아래 일사불란하게 움직였다. 그 결과 의병은 원주성을 단숨에 손에 넣을 수 있었다.

원주 군수 이병화는 의병이 쳐들어온다는 소식을 듣고 뒷문으로 빠

져나갔다. 충주로 도망하기 위해서였다.

"수령이라는 자가 의로움도 없고 부끄러움도 없으니 이는 적과 다를 바가 없다. 내가 비록 힘이 부족해 왜적을 전멸할 수 없다고 해도 내 이놈만은 반드시 잡아 죽이고 말 테다."

이춘영은 성안의 백성들은 나 몰라라 하고 저 혼자 살겠다고 도망친 이병화를 도저히 용서할 수 없었다. 그는 분을 이기지 못하고 씩씩거렸다.

"우리 여기서 이럴 게 아니라, 기세를 몰아 제천으로 갑시다. 제천은 유림의 고장인데, 그곳 수령 김익진이 삭발을 강요하며 백성들을 못 살게 굴고 있으니, 우리가 가서 도탄에 빠진 백성들을 구해 냅시다."

안승우는 제천으로의 진군을 제안했고, 이춘영은 군사를 보강하고, 물자를 확보한 다음 그렇게 하자고 했다. 유인석은 안승우가 의병을 이끌고 제천으로 온다는 소식을 전해 듣고, 이필희와 서상렬 등 동문들을 안승우에게 보냈다. 안승우는 유인석이 보낸 동문들과 그를 따르는 민병들로 군사를 보강하고, 의진을 재정비한 다음 제천성을 향해 출발했다.

제천 군수 김익진은 의병이 제천을 공격하러 온다는 소식을 듣자마자 충주로 도망했다. 덕분에 지평 의병은 제천성을 쉽게 손에 넣었다.

제천에 입성한 안승우는 무과에 급제한 경험이 있는 이필희를 대장으로 추대하고, 자신들을 제천 의병으로 부르게 했다.

장담의 선비들(중군장 이춘영, 군무 도유사 안승우, 군사 서상렬 등)이 제천 의병의 지휘부를 맡았고, 선봉장 김백선이 이끌고 온 지평 포군과 자원한 일반 백성들이 병사층을 이루었다.
　제천성이 의병들의 손에 들어가자, 공주 병참 소속의 관군과 일본군이 제천성을 탈환하고, 의병을 진압하기 위해 제천으로 파견되었다. 12월 5일의 일이다.
　제천 의병은 관군과 일본군의 공격에 맞서기 위해 단양으로 진을 옮겼다. 제천보다 단양이 방어하기에 유리하다고 생각했기 때문이다.
　단양에 입성한 제천 의병은 민병을 모집하기 위해 단양 군수 권숙에게 협조를 요청했다. 권숙은 의병에게 비협조적이었을 뿐만 아니라 의병이 하는 일마다 사사건건 방해를 하려고 들었다.
　이춘영은 그런 권숙의 태도에 화가 치밀어 권숙을 죽이려고 했다. 동료들이 말리지 않았다면 권숙은 그 자리에서 죽고 말았을 것이다.
　의병과 권숙이 서로를 견제하고 있는 사이, 관군과 일본군이 단양으로 들이닥쳤다. 제천 의병은 있는 힘을 다해 맞섰고, 전투를 승리로 이끌었다. 지휘부는 여세를 몰아 충주성으로 진격하려고 했다. 하지만 병사들이 병력을 보충하기 전에는 전투를 계속할 수 없다고 버티는 바람에 계획은 물거품이 되고 말았다. 지휘부와 병사들 사이에 마찰이 계속되자, 이에 불만을 품은 병사들이 진을 이탈하기 시작했다. 제천 의병은 첫 전투를 승리로 이끌었음에도 불구하고 지휘부와 병사들의 갈등 때문에 끝내 와해되고 말았다.

그 무렵, 유인석은 망명을 준비하기 위해 제천 화산에 있는 이정규의 집에서 머무르고 있었다. 그러던 중, 그는 제천 의병이 단양 전투에서 승리를 하고도 병사들의 반란으로 와해되고 말았다는 소식을 전해 들었다.

"패하여 군사가 흩어지는 것은 있을 수 있으나 이기고 흩어지는 것은 반드시 간사한 자가 심복에 있는 탓이다. 내 랴오둥 가는 길이 좀 늦어지더라도 이 같은 사태를 보고는 그냥 갈 수가 없다."

유인석은 영남으로 내려간 서상렬과 이춘영을 영월로 불러 올렸다. 영서 지역에서 활동하던 안승우도 마찬가지였다. 유인석은 가족들을 피신시킨 다음, 뜻을 같이 하는 제자들과 함께 곧장 영월로 갔다.

"내가 친상을 당한 지 며칠 되지 않은 죄인의 몸으로 이곳에 온 까닭은 잘못된 점을 지적하기 위해서요. 요사이 병사들이 장수와 상관을 업신여기고, 선비들을 능욕하고 짓밟는 등 말할 수 없는 행패를 부리고 있다고 들었소."

유인석은 단번에 정곡을 찔렀다.

"선생님, 이번 일은 저희들이 부족해서 생긴 일입니다. 그러니 선생님께서 저희들을 이끌어 주십시오."

제자들은 유인석에게 자신들을 이끌어 달라고 눈물로 호소했다.

"나라가 있어야 가정이 있고, 가정이 있어야 내 한 몸이 바로서는 것을, 내 어찌 사사로운 일에 얽매어 나랏일을 모른 척하겠는가. 나라의 원수를 갚지 못하면 신하가 될 수 없고, 신체를 보존하지 못하면 사람이 될 수 없는 것을……. 자네들의 생각이 정 그렇다면 내 자네들의 뜻을 받아들이겠네."

유인석은 제자들의 간청을 받아들여, 그들과 뜻을 함께 하기로 했다. 그러자 제자들은 그를 의병 대장으로 받들어 모셨다.

"아무것도 모르는 내게 이런 자리를 선뜻 내어 주다니, 고맙고 또 미안하네."

유인석은 의병장이 되었다. 그의 나이 54세 되던 1895년 12월 24일의 일이다.

제천 의병은 지평 의병 400여 명과 김백선이 이끌던 포군 수백 명이 전부였다. 유인석이 의병장이 되었다는 소식이 전해지자, 인근 의병이 모두 제천 의병에 합류하기를 원해 제천 의병의 규모는 어마어마해졌다. 유인석은 의병장들과 회합을 가져, 의병 대장에 유인석, 중군장에 이춘영, 전군장에 안승우, 후군장에 신지수, 선봉장에 김백선 등을 각각 임명한 다음 본격적인 활동에 들어갔다.

유인석은 의진을 개편한 후에 영월성 문루에 '복수보형'의 큰 깃발을 내걸었다. 그런 다음, 성문 아래 병사들을 모이게 해서 엄숙한 군례를 거행했다.

"의병을 주도하는 자들은 선비들이오. 그런데 선비들에게 대항하고, 병사들을 선동해 흩어지게 하는 첩자들이 있소. 내 오늘 이들을 가려내 군법으로 다스릴 것이오."

유인석은 포군을 선동하고 이간질시켜 흩어지게 한 이민옥과 동학의 두령으로 병력을 빼앗기 위해 위장 잠입한 신 처사 그리고 개화당의 지령으로 군기를 어지럽히기 위해 잠입해 있던 최 진사, 박 주사 등을 가려내 그 자리에서 처형했다.

유인석의 단호한 조치에 기세가 눌린 병사들은 더 이상 선비들에게 대항하지 못했고, 특히 유인석의 말에는 무조건 복종하게 되었다.

유인석은 의진을 다시 한 번 재정비한 다음, 팔도에 고하는 격문인 '격고내외백관문'을 발표했다.

을미사변과 단발령 같은 국가적 수치를 그냥 보고만 있을 수는 없다. 이런 일에는 조정 대신들이 앞장을 서야 하나 누구 하나 거의하는 자가 없으니 개탄스럽기 그지없다. 이제는 조정 대신들은 물론이고 온 국민이 하나 되어 불의와 맞서 싸워야 한다.

유인석은 온 국민이 하나 되어 일제에 대항해 싸우자고 했다. 그는 서상렬 부대를 영월에 남겨두어 뒤를 지키게 하고, 나머지 병사들을 이끌고 제천으로 향했다.

김익진의 뒤를 이어 제천 군수로 부임한 정영원은 의병이 제천으로 온다는 소식을 듣고, 포군으로 하여금 성을 지키게 하고, 한편으로 향리 등을 내보내 의진을 맞아들이도록 했다.

김백선의 선봉 부대는 마중 나온 향리들을 따라 무력 한 번 행사하지 않고 제천으로 들어갈 수 있었다. 선봉 부대에 이어 유인석과 이춘

영이 이끄는 본진 그리고 안승우, 홍대석이 이끄는 후진이 제천에 차례로 입성했다.

의병 지휘부는 제천으로 이동하는 과정에서 평창 군수 엄문환, 원주 군수 이병화, 단양 군수 권숙, 청풍 군수 서상기, 제천 군수 정영원 등을 잡아들이기로 했다. 의병을 일으킨 대의명분을 확고히 하고, 의병에 비협조적이거나 개화를 지지하는 관료를 처형해 본보기로 삼아야 한다고 생각했던 것이다.

유인석은 제천에 입성하자마자 단양 군수 권숙과 청풍 군수 서상기를 잡아들이고, 권숙에게는 적에 붙어 벼슬을 하고 의병을 탄압했다는 죄를, 서상기에게는 단발을 하고 군민들에게 단발을 강요한 죄를 물어 처형했다. 제천 의병은 개화 정책을 지지하고 의병 활동에 비협조적으로 나온 수령들을 단죄해서, 개화 정책을 지지하던 관리들에게 경종을 울렸던 것이다.

"나, 의암 선생님을 다시 봤어."

"나도 그래. 책만 보는 샌님이 뭘 할 수 있을까 했는데, 그게 아니더라고."

"이번 기회에 나도 의병에 자원할 생각이야."

"자네도?"

"그럼, 자네도?"

유인석이 이끄는 제천 의병은 백성들로부터 열렬한 지지를 받았다. 의병을 자원하는 사람들도 줄을 이었다.

유인석은 신정부의 개화 정책이 활발하게 추진되고 있는 충주를 다음 공격 목표로 삼았다. 호서의 중심지인 충주는 지리적, 경제적, 군사적으로 아주 중요한 곳이었기 때문에 충주만 손에 넣으면 한양을 손에 넣는 것도 어려운 일이 아니었다.

유인석은 충주 공격에 앞서, 이조승과 이정규를 밀정으로 파견했다. 충주의 실정을 자세히 알기 위해서였다.

이조승은 형인 이주승을 통해 충주 향교에 근무하고 있던 이병원과 지방대 장교 김성한 등을 만나 자료를 수집했고, 이정규는 제천의 포군 서장석과 엄팔룡을 통해 충주성을 수비하고 있던 두령들을 같은 편으로 끌어들이는 데 성공했다.

1896년 1월 4일, 유인석은 의병을 이끌고 충주로 향했다. 충주 공격에 승산이 있다고 생각했기 때문이다. 제천 의병이 충주로 진격할 당시만 해도 총을 가진 자는 포군 400여 명에 지나지 않았으나, 승지 우기정과 이호승이 각각 민병 3천 명과 500명을 지원하는 등 각지에서 병력과 군사 물자를 보내와 충주성에 도착할 무렵 의병의 수는 1만 여 명에 달했다.

충주 관찰사 김규식은 성내 관군을 총동원하고, 충주에 주둔하고 있던 일본군을 지원받아 의병과 맞설 생각이었다. 하지만 엄청난 규모의 의병을 보는 순간 맞서 싸울 의욕을 잃고 말았다.

게다가 유인석이 이끄는 제천 의병이 청주에 도착하자마자, 이조승과 이정규에 의해 미리 포섭된 내응자들이 성안에서 반란을 일으키

자, 김규식은 패배를 직감하고 달아나기 바빴다.

성안에서는 반란이 일어나고, 성밖에서는 김백선이 이끄는 포군들이 맹공격을 퍼붓는 상황에서 관군과 일본군은 싸우기보다는 달아나기에 더 바빴다. 의병의 기세에 눌려 감히 대항할 엄두조차 내지 못했던 것이다. 유인석이 이끄는 제천 의병은 별다른 손실 없이 성을 장악했고, 충주 관찰사 김규식을 체포하는 데도 성공했다.

"대장, 왜놈들의 앞잡이 노릇을 한 김규식을 처단해 본보기로 삼으십시오."

유인석은 병사들의 뜻을 받아들여 김규식에게 친일 한 죄를 물어 처형했다. 친일 하는 관리들에게 본을 보이기 위해서였다.

유인석은 충주성 전투에서 얻은 자신감으로 또다시 격문을 띄웠다. '격고내외백관'이 바로 그것이었다.

동포들이여, 지금 온 나라가 죽어 가는 마당에 무엇을 망설이는가? 임진왜란과 병자호란 때를 생각해 보라. 수많은 백성들이 나라를 구하기 위해 기꺼이 목숨을 내어 놓았다.

아아, 통탄스럽다. 버슬아치들은 문을 열어 놓고 도적을 받아들이고, 백성들은 모른 척하고 이를 지켜보고 있네. 나라가 위태로운 이때 군사를 모집하는 이가 보이지 않으니, 이제 우리는 누구를 의지하고 살아갈 것인가. 망하기를 기다리느니 차라리 일어나 싸우자. 화가 되든 복이 되든 다같이 일어나 죽을 각오를 하고 나가서 싸우자.

　유인석은 격문을 띄우고 각처에 사람을 보내 의병 봉기를 유도했다.
　충주 지역은 개화 노선을 쫓는 사람들이 많았다. 그래서 의병 활동을 하기에 어려움이 많았다.
　유인석은 서상렬과 원용정을 영남 지방으로 파견하고, 이범직을 호서 지방으로 파견해 활동 영역을 넓히도록 했다.
　서상렬 부대는 상주에 있는 일본군 병참 기지를 공격해 공을 세웠고, 이범직 부대는 천안으로 진출해 삭발을 강요한 천안 군수 김병숙을 처단했다.
　그 즈음, 국왕의 밀조가 날아들었다. 1896년 1월 29일 고종은 영의정 김병시를 통해 애통의 조서를 각지의 의병장들에게 전했던 것이다.

　아, 슬프다. 내 죄가 크고 하늘이 나를 돌보지 않으니, 국세가 기울고 백성들이 도탄에 빠졌다. 이웃 나라들은 이를 빌미로 틈을 엿보고 있으며, 역신은 권력을 농락하고 있다. 그러던 중 나는 머리를 깎이고 면류관을 훼손했으니, 4천 년 예의의 나라가 하루아침에 짐승의 땅이 되고 말았다.
　의병을 일으킨 선비들에게 초토사를 제수하고, 기꺼이 비밀 병부를 내어주려고 한다. 그대들은 짐의 뜻을 받들어 상 줄 자는 상을 주고 벌 줄 자는 벌을 주도록 하라. 나는 사직에 죽기로 했으

니, 내외 의사들은 내 뜻을 본받아 마음을 한결같이 하여, 종묘와 사직과 민생을 생각하라.

유인석은 의병 봉기를 촉구하는 내용의 밀지를 받고 감격했다. 고종의 밀지는 천군만마보다 더 그에게 힘이 되었다.

고종은 1896년 2월에 아관파천을 단행했다. 을미사변 이후 신변에 위협을 느끼고 있던 고종은 일본 군대와 친일 세력이 의병 진압으로 인해 동분서주한 틈을 타 러시아와 은밀히 연락을 취해 러시아 공사관으로 거처를 옮긴 것이다.

아관파천으로 인해 친일 내각이 붕괴되고, 고종이 의병 봉기를 촉구하는 밀지를 내리자, 의병의 활동은 더욱 활발해졌다.

유인석이 제천 의병을 이끌게 되자, 제천 일대에서 봉기한 의병들이 속속 그의 밑으로 모여들었다. 유인석은 중부 지역에서 활동하고 있는 의진을 모두 모아 대규모 연합 의진을 만들 생각이었다. 그렇게만 된다면 관군도 일본군도 더 이상 자신들을 어찌할 수 없을 거라고 생각했다.

4. 의병의 재기 항쟁을 향하여

"대장, 관군과 일본군의 동태가 심상치 않습니다."

"적을 맞이할 만반의 준비를 갖추어라."

유인석은 관군과 일본군이 충주성을 탈환하기 위해 대규모 병력을 이끌고 찾아올 것을 예상하고 있었다.

아니나 다를까. 관군과 일본군은 수안보에 기지를 두고 중앙에서 병력을 지원받아 곧바로 충주성 탈환에 나섰다.

여러 차례 전투가 계속되었고, 전투가 거듭될수록 상황은 제천 의병에게 불리하게 작용했다. 오랜 전투에 지친 병사들, 보급로가 차단되면서 바닥을 드러내기 시작한 군수품……. 그런 상황에서도 의병들은 한 치도 물러서지 않았다.

"대장, 적의 공격을 기다리지 말고, 우리가 먼저 적을 공격하면 어떨까요?"

"우리가?"

"대장, 수안보에 있는 일본 병참 기지를 급습해 적의 병참선을 끊어 버리면 근거지를 잃은 적들이 더 이상 우리에게 맞서지 못할 것입니다."

유인석은 중군장 이춘영의 의견을 받아들여 수안보와 가흥 일대에 주둔하고 있는 일본 병참 기지를 공격하게 했다.

이춘영 부대는 수안보에서 일본군과 한바탕 격전을 벌였다. 의병들은 수안보를 급습해 탈환 직전까지 갔으나, 중군장 이춘영이 적탄에 맞아 쓰러지는 바람에 전세가 뒤바뀌고 말았다. 중군장을 잃은 의병들은 기세가 꺾여 도망치기 바빴다. 유인석은 이춘영을 대신해 이경기를 중군으로 삼고, 충주성 탈환에 나선 일본군의 공격에 맞서 보았지만, 계속되는 관군과 일본군의 공격을 당해 낼 수가 없었다.

밤낮없이 계속되는 전투로 인해, 부상자가 속출하고 군수 물자마저 보급로가 차단되어 끊어지게 되자, 더 이상의 전투는 불가능해 보였다. 유인석은 전투를 계속할지, 중단할지를 놓고 여러 날 고민했다.

그 무렵, 단발령 철회 소식이 들렸다. 친러파가 민심을 수습하기 위해 단발령을 철회한 것이었다. 단발령이 내려졌을 때는 의병들이 자신들을 구원해 줄 거라며 믿고 의지하던 백성들이, 단발령 취소와 함께 태도를 확 바꾸었다. 의병 때문에 겪는 고초가 이만 저만이 아니라고 불평을 늘어놓기 시작한 것이다. 게다가 조정에서는 선유사를 파견해 의병 해산을 촉구하기 시작했다.

유인석은 더 이상 전투를 계속하는 것은 무리라고 판단했다.

"여러분도 알다시피, 성이 포위되면서 보급로가 차단되었소. 굶주린 병사들은 말을 잡아먹고, 추위에 지친 병사들은 집을 헐어 불을 때 추위를 피하고 있소. 나는 이렇게 하면서까지 우리가 충주성에 머무를 이유가 없다고 생각합니다. 그러니 청주나 공주 등지로 진을 옮깁시다."

"대장, 적이 성을 에워싸고 있는데 어떻게 빠져나가란 말씀이십니까?"

"오랜 전투로 인해 저들도 지친 상태요. 그러니 저들이 휴식을 취하는 틈을 타서 성을 빠져나갑시다."

유인석은 의병의 근거지를 다른 곳으로 옮겨야겠다고 생각했다. 그래서 일본군이 휴식을 취하기 위해 잠시 퇴각한 틈을 이용해 미련 없이 충주성을 나왔다.

유인석의 제천 의병은 제천으로 후퇴했다. 병사들은 보름 남짓 계속된 전투로 인해 지칠 대로 지쳐 있었다.

"여러분, 우리는 이 나라 백성이기 때문에, 백성 된 도리를 다해야 하오. 그러기 위해서는 반드시 국모의 원수를 갚아야 하며, 단발령과 같이 잘못된 법도 우리 손으로 고쳐야 할 것이오. 작은 모래도 많이 쌓이면 배를 가라앉힌다고 했소. 그러니 우리가 한마음 한뜻으로 뭉친다면 이루지 못할 것이 뭐가 있겠소. 다들 힘을 냅시다."

유인석은 한마음 한뜻이 되어 어려운 시기를 헤쳐 나가자고 하며 의병들을 격려했다.

제천 의병은 잠시 휴식을 취한 뒤, 곧바로 재기할 준비에 들어갔다. 고장난 병기를 수리하고 군사 훈련을 하면서 전투를 준비했다.

그 무렵, 지평으로 돌아가 있던 김백선 부대가 복귀했고, 경상도 문경에서 의병을 일으킨 이강년 부대가 제천 의병에 합류했다. 유인석은 무과 출신의 군사 전문가인 이강년을 유격장으로 임명한 다음, 별동 부대를 지휘하게 했다. 병력을 재정비한 제천 의병은 제천성을 근거로 인근의 원주·영월·단양·풍기·충주 일대에서 관군과 일본군에 맞서 항쟁을 계속했다.

일본군의 병참이 자리잡고 있는 가흥과 수안보는 제천 의병의 주요 공격 대상이었다. 유인석은 이강년 부대를 수안보로 파견하고, 동시에 김백선 부대도 가흥으로 파견해 일본군을 토벌하도록 했다.

김백선은 300여 명의 의병을 이끌고 일본군 토벌에 나섰다. 4, 5일간 계속된 전투에서 연전연승을 거듭한 김백선은 약간의 지원병만 있으면 적을 섬멸할 수 있을 것도 같았다. 그래서 본부에 병력을 지원해 달라고 요청했다. 그런데 중군장 안승우는 그의 요청을 무시하고 말았다. 전투에서 패하고 돌아온 김백선은 안승우를 찾아가 지원군을 보내 주지 않았기 때문에 전투에서 패배했다며 강력하게 항의했다. 그러나 안승우는 그런 김백선을 보고도 못 본 척했다.

그러자 화가 난 김백선은 칼을 빼어들어 안승우를 위협했다. 위기감을 느낀 안승우는 뒷걸음질치며 이렇게 소리쳤다.

"감히 네 놈이 양반에게 대들어?"

겁에 질린 안승우는 평민이 양반에게 대든다고 하면서 김백선에게 죄를 물었다. 군기 문란 죄였다.

유인석은 이 일을 보고 받고 참담한 심정이 되었다. 자식처럼 아끼던 김백선에게 죄를 물어야 했기 때문이다.

"나는 대의를 위하여 군대를 일으켰다. 군대에는 규율이 있는 법! 규율이 없다면 어떻게 군사들을 통솔할 수 있겠는가."

유인석은 창의의 명분을 확고히 하고 군기를 바로 세울 필요가 있다고 생각했다. 그래서 김백선에게 군율 위반 죄를 물어 참수시켰다. 김백선은 뒤늦게 자신의 잘못을 깨달았다. 그는 진심으로 용서를 빌고, 제천의 삼문루에서 조용히 죽음을 맞았다.

"대장이 우리에게 이럴 수가……."

"항상 앞에 나가서 싸우는 건 우린데, 우리가 왜 이런 대접을 받아야 하는 거지?"

김백선이 처형되자 의병의 사기는 뚝 떨어지고 말았다.

그도 그럴 것이 의병의 대부분이 평민이나 천민 출신이었기 때문이다. 지휘부의 몇몇 양반들을 제외하면 나머지는 모두 김백선과 같은 처지였던 것이다.

의병들은 김백선 처형 사건에 불만을 품고, 하나 둘 진영을 이탈하기 시작했다. 그들은 더 이상 목숨을 걸고 싸울 필요성을 느끼지 못했던 것이다. 이탈 세력이 늘면서 제천 의병은 해체 직전까지 갔다.

한편, 이강년 부대는 일본군의 병참을 공격하기 위해서 수안보 일대에서 유격전을 펼치고 있었다. 이강년의 별동 부대는 문경에 근거지를 마련해 조령을 차단하고, 일본군 무기고를 습격해 무기와 화약 등을 노획했다. 승승장구하는 듯 보였던 이강년 부대는 끈질기게 계속되는 일본군의 추격을 받게 되면서 점점 수세에 몰리게 되었다.

이강년은 영남에서 활동하고 있던 서상렬 부대에 연락을 취해 연합하자고 제안했다. 서상렬 부대는 이강년 부대와 연합하기 위해 조령까지 왔으나, 관군과 일본군의 방해로 조령을 넘지 못했다.

수안보 탈환의 실패로 좌절하고 있던 이강년은 제천의 본진이 위협을 받는다는 소식을 전해 들었다. 그는 그 길로 제천으로 돌아왔다.

그 무렵, 아관파천 한 고종은 김홍집 등 친일파를 역적으로 몰아 처단하고, 윤용선 등을 중심으로 하는 친러 내각을 수립했다. 친러 내각은 어수선한 나라 분위기를 수습하고자 단발령을 철회하고, 각 지방으로 선유사를 파견해 의병 해산을 권유했다.

1896년 3월 13일, 선유사 장기렴이 이끄는 경군이 제천 의병을 토벌하기 위해 충주에 도착했다. 그는 공격에 앞서 다음과 같은 선유문을 보냈다.

단발령이 철회되고, 김홍집 등 친일파들이 축출된 지금 더 이상의 활동 명분이 없어졌으니, 즉시 의병을 해산하고 본업으로 돌아가라.

장기렴은 의병이 관리를 죽이고 다른 사람의 재물을 마음대로 빼앗아 썼다고 하면서, 지금 당장이라도 해산하면 모든 것을 용서하겠지만 만약에 그렇지 않고 왕이 보낸 군대와 맞서 싸우려고 한다면 당장 토벌하겠노라고 협박했다.

　선유문을 받은 유인석은 가슴이 답답해졌다. 선유사가 의를 위해 행한 일을 가지고 죄를 따질 줄은 몰랐기 때문이다. 게다가 왕명을 받고 내려온 선유사 일행과 맞서야 하는 자신의 처지를 생각하니 참담하기까지 했다. 유인석은 선유문에 대한 답례로 회조문을 보냈다.

　내가 의병을 일으킨 이유는 말하지 않아도 잘 알 것이오.
의병이 국가 관리를 죽였다고 하는데, 그들은 적의 잔
당으로 죄 값을 치렀을 뿐이오. 또 의병이
재물을 빼앗았다고 하는데,
우리가 이를 취하지

않았다면 이는 분명 왜놈들의 손에 들어갈 것들이었소.

  선유문을 받고도 해산할 수 없는 이유는 다음과 같소. 첫째로 왜놈들과 개화파가 아직 물러나지 않고 그대로 있기 때문이오. 둘째로 선왕의 제도가 아직 복구되지 않았으며, 성인의 도를 회복하지 못한 것도 예전과 같기 때문이오. 임금이 러시아 공사관에 머물고 있는 것도 예전과 같고, 왕후의 장례가 미루어지고 있는 것도 예전과 같소.

  나와 내 병사들은 의를 지키기 위해 일어났으며 처음부터 승패에는 관심도 없었소. 그러니 죽는다고 해서 두려울 것도 없소. 누가 진정 나라를 위하는지는 후세에 판가름이 날 것이니 두고 봅시다.

  유인석은 존화 양이의 당위성을 천명하고, 관리 처단과 국가 재물을 탈취했다는 비난에 대해 해명했다. 그리고 의병을 해산할 수 없는 이유를 들면서, 자신은 의리를 지키기 위해 의병을 일으켰기 때문에 아무리 회유해도 소용없다고 했다.

  회조문을 받은 장기렴은 유인석을 비난하는 글을 보내 왔다.

  성재 선생의 이름난 제자 유인석이 난세에 이렇게 가벼이 나서 다니 믿을 수가 없구려. 학자여야 할 당신이 장수가 되어 나라 안을 소란하게 하고, 임금의 근심을 사고 있으니, 속히 왕명을 받들어 의병을 해산하시오.

장기렴에 이어 선유사 신기선도 유인석에게 편지를 보내 왔다. 그는 이항로 문하에서 의병이 일어난 것을 높이 사면서, 이제는 국왕이 친정을 하는 등 거의할 당시와 상황이 다르니 해산하라고 권유했다.

선유사들의 해산 권유가 이어지자, 의진 내부도 분열되기 시작했다. 왕명을 띠고 내려온 선유사와 맞서 싸울 수 없다는 편과 근거지를 옮겨서라도 의병 항쟁을 계속하자는 편으로 나뉘게 된 것이다.

"다들 내 말 좀 들어 보게. 자네들은 임금께서 의병 해산을 진심으로 원하고 계신다고 생각하나? 내 생각은 그렇지 않네. 임금께서 의병 해산을 진심으로 원하신다면 밀지는 왜 내리셨겠는가, 안 그런가?"

유인석은 고종의 해산 명령이 진심에서 나온 것이 아닐 거라고 생각했다. 그래서 의병 항쟁을 계속하는 쪽으로 마음을 굳혔다.

"해산할 수 없다는 것은 의요, 해산하지 않을 수 없다는 것은 형세이니, 나는 누가 뭐라고 해도 의를 좇을 것이다."

유인석은 의병 해산은 생각해 본 일도 없다는 듯 단호하게 나왔다. 그러자 아무도 그에게 반기를 들지 못했다. 유인석은 의병 항쟁을 계속하기로 마음먹고, 선유사 일행의 공격에 대비해 제천성 주위에 성곽을 쌓기 시작했다. 식량과 무기 등 군수 물자 확보에도 주력하고, 인근에 흩어져 있던 병력을 제천으로 불러들이는 등 만반의 준비를 갖추었다.

"선유사가 이끄는 관군이 제천으로 오고 있대."

"의병들은 왜 괜한 싸움을 하려고 하는지 몰라."

"그러게 말이야. 단발령이 취소된 지가 언젠데 왜 아직도 저러고 있는 거지."

"싸움이 시작되기 전에 얼른 피난이나 가야겠다."

선유사가 이끄는 관군이 제천으로 온다는 소식에 백성들은 불만을 터뜨렸다. 싸움이라면 진저리가 났기 때문이다. 사람들은 의병이 괜한 싸움을 일으키려고 한다면서 비난을 퍼붓기도 했다.

1896년 4월 13일, 선유사 장기렴이 이끄는 관군과 일본군이 제천에 도착했다. 동시에 의병과 경군 사이의 전투가 시작되었다.

제천 의병은 장기렴의 군대에 맞서 최선을 다해 싸웠지만 금방 전력의 열세를 드러내 보이고 말았다. 최신식 무기로 무장한 관군과 일본군의 화력을 도무지 당해 낼 수가 없었던 것이다. 게다가 지휘부에 대한 불만 때문에 병사들은 전처럼 전력을 다해 싸우지 않았다.

"중군장 안승우가 전사했대."

"홍사구도 방금 전에 전사했다던데……."

전투가 한창일 때, 중군장 안승우와 그의 문인인 홍사구의 전사 소식이 전해졌다. 두 장수의 전사 소식은 의병들의 사기를 저하시키고 말았다.

유인석의 제천 의병은 장기렴 부대와 맞서 제대로 싸워 보지도 못하고 자신들의 근거지인 제천성을 빼앗기고 말았다.

'과연 내 판단이 옳았던 것일까?'

제천 전투에서 패한 유인석은 모든 의욕을 상실하고 말았다. 그는 학자인 자신이 학문의 길이 아닌 다른 길을 선택했다는 것에 대해 회의가 들기 시작했고, 전투에서의 패배와 병사들의 죽음이 자기 탓인 것만 같아 괴로웠다.

한편, 선유사 장기렴은 제천 의병이 단양으로 후퇴했다는 소식을 전해 듣고, 모든 병력을 단양으로 집결시킬 것을 명했다.

이 소식을 전해 들은 유인석은 더 이상 넋놓고 앉아 있을 수가 없었다. 그는 자신은 신념대로 행동했으며, 자신의 곁에는 자신만을 믿고 따르는 병사들이 있다는 생각을 하며 기운을 차렸다.

그런 유인석의 마음을 아는지 모르는지, 점점 더 많은 수의 병사들이 진을 이탈했다. 오랜 전투로 몸과 마음이 지친 병사들은 더 이상 명분 없는 싸움의 희생자가 되고 싶지 않다며 진을 빠져나간 것이다.

유인석을 더욱 절망스럽게 한 것은 뜻을 함께 하기로 했던 동료들의 의병 해산 소식이었다. 의병을 일으켰던 선비들이 적에게 굴복하고 적과 내통한다는 소식을 접하고, 그는 또다시 깊은 절망에 빠지고 말았다.

'이쯤에서 다 끝내고 말아야겠어.'

유인석은 더 이상 의병 항쟁을 계속할 수 없다고 생각했다. 그래서 장기렴을 찾아가려고 했다.

"선생님, 선생님께서 일전에 저희들에게 그러셨죠. 서북 사람들은 강하고 날쌔며 무예에 뛰어나다고요."

"저도 기억나요. 그때, 선생님께서 이렇게 말씀하시지 않으셨습니까. 만약 이곳에서 일이 잘못되더라도 서북쪽으로 가서 군사를 모아 재기하면 된다고요."

유인석이 장기렴을 찾아가려고 하자, 제자들이 울며 그의 앞길을 막아섰다.

"선생님, 우리 서북쪽으로 가요. 가서 그곳에서 재기해요. 네?"

"서북쪽 사정도 좋지 않을 텐데……."

"선생님, 서북쪽에서 재기할 수 없다면, 청나라로 건너가면 되지 않습니까. 가서 위안스카이(원세개)에게 군사를 청하는 겁니다."

"만일 그것도 여의치 않으면?"

"군사를 일으킬 수 없다고 해도 실망하지 않을 겁니다. 청나라 땅에서 우리 문화를 보존하면서 중화의 명맥을 이어가면 되니까요."

유인석은 울며 매달리는 제자들을 외면할 수 없었다. 그래서 서북쪽으로 가서 재기를 도모하기로 마음을 굳혔다. 유인석은 의병 활동 무대를 서북쪽으로 옮길 생각으로 평안도와 황해도 지방으로 정찰대를 파견했다.

정찰대로 파견된 이필희 부대는 평안도와 황해도 일대의 여러 지방을 돌아다니며 그곳 실정을 파악했다. 서북쪽은 산세가 험하고, 관리들의 감시가 삼엄해 의병 봉기를 도모하기 힘들어 보였다.

유인석은 서북쪽에서의 재기는 힘들 것 같다는 보고를 받고, 서북쪽으로 갈 수 없다면 제천 의병의 근거지였던 제천성을 탈환하리라

마음먹었다. 그래서 군대를 이끌고 제천으로 갔다.

　제천성 재공략은 생각만큼 쉽지 않았다. 관군이 철통같은 수비 태세를 갖추고 있었기 때문이다. 게다가 장기렴의 군대가 의병을 진압하기 위해 제천으로 이동한다는 소문이 돌기 시작하면서 싸우려는 사람보다 달아나려는 사람들이 더 많아졌다.

　유인석은 동요하는 병사들을 보고 제천성 탈환을 포기했다. 대신 서북쪽으로 근거지를 옮기기로 하고 원주 쪽으로 후퇴했다.

　서북행을 결심한 유인석은 고종 앞으로 보낼 상소문을 작성했다.

　전하, 오늘날 국가의 큰 변고를 어찌 말로 다 할 수 있겠습니까? 간신들은 앞에서 전하의 총명을 가리우고 난적들은 뒤에서 개화라는 미명 아래 나라의 기틀을 헐고 있습니다.

　신은 난신적자는 누구나 주살할 수 있다는 법과 먼저 말하고 뒤에 아뢴다는 의를 취하여, 원수를 갚고 풍속을 보호하기 위해 깃발을 높이 들고서 군대를 일으켰습니다. 신들이 이 땅에서 왜적을 소탕하려면 아직 멀었는데, 그럼에도 불구하고 의병을 해산하라 명하시니 신은 당혹스러워 어쩔 줄을 모르겠습니다.

　전하, 신들이 전하의 명을 따른다면 이제 누가 전하를 위하여 적을 토벌하고, 인륜을 지키기 위해 존화 양이 하겠습니까? 부디 흔들리지 마시고 전하의 용안을 어지럽히는 간신들을 소탕하시고, 왜놈들을 이 땅에서 몰아내십시오.

유인석은 개화라는 미명하에 국가의 존엄성이 여지없이 짓밟히는 현실을 지적하고, 춘추 대의의 명분을 위하여 거의하였음을 다시 한 번 밝혔다. 그리고 의병을 해산하라는 현실을 비판하면서 의병의 정당성을 다시 한 번 주장했다. 유인석은 고종의 안위를 염려하면서, 간신들을 소탕하고, 왜적을 이 땅에서 몰아내라고 충고하는 것도 잊지 않았다.

 유인석은 고종 앞으로 보내는 상소를 한 옆에 잘 모셔두고, 이번에는 조정 대신들에게 보내는 상소문을 적어 내려가기 시작했다.

 유인석은 대신들 앞으로 '재고백관문'이라는 상소를 작성했다. 그는 상소에서 의를 위해 앞장서야 하는 대신들이 지금과 같은 비상 시국을 나 몰라라 하는 것은 바람직한 행동이 아니니 함께 일어나 적을 물리치고 민족의 자존심을 회복하자고 했다. 아울러 선유사와 관군의 의병 해산 촉구 및 의병 공격 또한 정의롭지 못하다고 지적하면서, 아직은 의병이 해산할 수 없는 상황임을 역설했다.

 유인석은 중군 원용석과 이면재를 한양으로 보내 상소문을 전하게 하고, 자신은 군대를 이끌고 서북쪽으로 걸음을 옮겼다.

5. 의병 해산과 망명 생활

 1896년 6월 10일, 유인석이 이끄는 제천 의병은 재기 항쟁을 꿈꾸며 서북행의 대행군에 들어갔다.

 제천 의병은 영월을 출발, 평창 · 정선 · 강릉 등을 지나 양구를 향해 가고 있었다. 그는 그 길에서 자신의 휘하에서 활동했던 윤성호가 관군에게 잡혀 죽었다는 비보를 전해 들었다. 좌군장 이희두가 진을 이탈했다는 보고도 있었다.

 화서 학파의 일원인 홍재구가 의병을 해산하고 궐 앞에서 사죄하라는 편지를 보내 온 것도, 먼저 출발한 서상렬의 편지가 도착한 것도 그 즈음이었다.

서북쪽은 산세가 험하고 사람이 드물어 오래 머무를 수가 없습니다. 게다가 곳곳에 적의 병참 기지가 있어 의병이 머무르기에 부적당해 보입니다. 일단 서북 지역으로 들어가 재기 항전을 시도해 보고, 그것이 여의치 않으면 서간도로 북상 도강한 뒤에 재기의 기회를 기다리는 것이 좋을 듯싶습니다.

유인석은 서상렬의 편지를 받고 마음이 무거웠다. 하지만 아무 내색도 하지 않았다. 재기의 기대에 부풀어 있는 제자들과 병사들에게 실망을 안겨 주고 싶지 않았기 때문이다.

"선생님, 소문에 의하면 서북 지역 상황이 좋지 않다고 하던데, 어쩌죠?"

"서북쪽에서의 재기가 힘들면 랴오둥 땅으로 건너가자고, 자네가 말해 놓고 그새 잊었나?"

"선생님, 제가 곰곰이 생각해 봤는데요, 굳이 청나라로 건너가 지원병을 요청할 필요가 있을까요? 제 말은 청나라의 힘을 빌려서까지 왜놈들을 몰아내야 하느냐고요."

"왜놈들을 이 땅에서 몰아낼 수 있다면 그렇게라도 해야지. 하지만 너무 걱정 말게. 랴오둥 땅에 살고 있는 우리 동포 수가 1만이 넘는다고 하니, 청나라의 힘을 빌리지 않고도 군사를 일으킬 방법이 있을 걸세."

유인석과 제자들이 앞날에 대한 기대에 부풀어 있을 때였다.

"선생님, 화천 전투에서 서상렬 부대가 대패했다는 보고입니다."

"피해 상황은 어떻다고 하던가?"

"경암 선생께서 전사하셨다고 합니다."

"뭐야, 경암이……."

유인석은 화천(낭천)에 머무르고 있던 서상렬 부대가 관군에 맞서 싸우다 패했다는 소식을 전해 들었다. 그 과정에서 경암 서상렬은 장렬하게 전사하고 말았다.

서상렬의 전사 소식이 전해지자, 화천을 공격하자는 주장이 제기되었다. 그러나 유인석은 가급적이면 관군과 충돌하지 않는 것이 좋겠다고 했다.

유인석은 종사 주현구와 이기진을 서상렬의 시신을 수습하는 데 보내고, 나머지 의병을 이끌고 행군을 계속했다.

서북쪽에 다가가면 다가갈수록 유인석은 서북쪽에서의 재기가 힘들다는 것을 느끼게 되었다. 그 동안 서북인들은 마음대로 벼슬에 나갈 수 없었다. 그래서 가슴에 맺힌 것이 많았는데, 개화한 뒤로는 상황이 바뀌어 개화 정책을 지지하게 되었다. 개화 관료를 친척이나 사돈으로 둔 서북인들이 많아지면서 서북 지역에서 의병 활동은 호응을 얻지 못했다.

서북 지역의 개화파 관리들은 의병을 도적떼로 취급했다. 그들은 의병이 자신들의 구역에 들어올까 봐 일부러 배를 침몰시키기도 하고 나루를 끊기도 했다. 유인석과 같은 의병 대장을 생포해 오면 후한 상금을 준다는 방도 여러 곳에 내다 걸었다.

"아무래도 이곳에서 재기하기는 어려울 것 같소. 관리들의 감시도 심하고, 설사 의병을 일으킨다고 해도 마음놓고 활동하기는 힘들 것 같소."

"선생님, 저희들도 같은 생각입니다."

"그래서 말인데……."

유인석은 한참을 망설이다가 이렇게 입을 열었다.

"아무래도 이 땅을 떠나야겠소."

유인석은 제천 전투에서 패배했을 때, 꼭 제천이 아니더라도 영서 지역 어디에서든지 근거지를 마련하면 될 거라고 생각했다. 하지만 영서 지역 어디에서도 의병의 근거지를 마련할 수 없었다.

유인석은 하는 수 없이 서북행을 결정했다. 쫓기듯 서북행을 선택했을 때만 해도 서북 지역에서 재기할 수 있을 거라는 희망이 있었다. 하지만 서북 지역에서의 재기 노력도 뜻대로 되지 않았다.

이제 유인석이 할 수 있는 마지막 선택은 하나뿐이었다. 압록강을 건너 랴오둥 반도에 자리한 고구려의 옛 강토인 간도로 들어가는 것이었다.

고국을 떠나야 한다고 생각하자 유인석은 참담한 생각이 들었다. 하지만 제자들 앞에서 그런 모습을 보일 수는 없었다.

"우리 국경을 넘읍시다. 랴오둥 지방으로 건너가 훗날을 기약하면 되지 않겠소?"

유인석은 목적이 있는 사람은 어떠한 역경도 견디어 낼 수 있다고 하면서, 병사들을 위로했다.

유인석은 압록강을 건너기로 하고, 뜻을 함께 하기로 한 병사들을 인솔해 국경 지대인 초산으로 갔다. 1896년 7월 20일 그는 그곳에서 '재격백관문'이라는 장문의 격문을 발표했다.

떠나려고 고국을 돌아보니 비통함을 이기지 못하겠다. 차마 끝내 포기할 수 없는 희망이 있기에 여러분에게 이 글을 띄운다.

망국은 개화가 행하여진 뒤의 일이다. 말로는 개화라고 하지만 그 행한 바를 보면 결국 국모를 시해하고 군부를 폐위하고 윤리와 법을 문란하게 하고 나라를 팔아 망치는 것들뿐이다.

지금 내가 내 나라를 버리고 압록강을 건너감은 기필코 원수를 갚기 위해서이다. 그렇지 못하면 우리 옷을 입고 우리 머리를 하고 죽어서 다시 돌아올 것이다.

유인석은 '재격백관문'을 통해 조정 대신들의 기회주의적인 태도를 비판하고, 자신은 청나라로 건너가 나라의 원수를 갚을 길을 모색하겠다고 하며 압록강을 건너게 된 이유를 상세히 밝혔다.

유인석은 의병 봉기의 정당성을 다시 한 번 강조하고, 조정에서 죄로 추궁하는 것(관리를 죽인 것과 국가 재산을 함부로 거둔 것, 그리고 상황이 달라졌는데도 의병을 해산하지 않는 것)들에 대해서는 아무리 생각해 봐도 납득이 가지 않는다고 지적했다.

유인석은 왜놈들을 몰아내지 못하고 쫓기듯 간도로 떠나는 자신을 용서하라는 편지를 고종에게 남기고 압록강을 건넜다.

"저 사람들이 도대체 누구지?"

"혹시 비적이 아닐까?"

"비적처럼 보이지는 않는데?"

"그럼, 누구지?"

청나라 사람들은 제천 의병을 비적(도둑)인 줄 알고 두려워했다. 하지만 그들이 의병이라는 사실을 알게 되자 친절하게 대해 주었다.

하지만 청나라 관리들은 의병 일행을 달갑게 여기지 않았다. 그들은 청일 전쟁 후, 청나라와 일본 사이에 맺어진 시모노세키 조약을 들먹이며 서둘러 귀국하라고 으름장을 놓았다.

압록강을 건넌 다음 날인 7월 21일에 유인석 일행은 청나라 땅 회인현에 도착했다. 그곳에는 동포들이 많이 살고 있었다.

유인석은 동포들이 사는 마을을 일일이 찾아다니며 일제의 침략에 항거하자고 호소할 생각이었다. 이를 안 지방관 서본우는 병사들을 이끌고 유인석을 찾아왔다.

"우리 지방에서는 무기를 소지하는 일이 불법입니다. 그러니 무기를 잠시 맡겨 두신다면 상부에 보고해 선처하겠습니다."

서본우는 관원들을 풀어 제천 의병이 소지하고 있는 무기를 강제로 거두어들였다. 그리고 나서 약간의 자금을 내주며 왔던 길로 돌아가라고 했다.

유인석은 어찌해야 좋을지 몰랐다. 그때, 자신보다 먼저 압록강을 건넌 이범직이 사망했다는 소식을 들었다. 이범직은 청나라 수비대장 왕무림에게 무장 해제를 당한 후, 유인석을 맞으러 오다가 경무관 김동근에게 잡혀 부하들과 함께 죽임을 당했다는 것이다.

"선생님, 우리는 이제 어떻게 되는 겁니까?"

"각자 하고 싶은 대로 하게 내버려 두게."

"선생님께서는 어떻게 하실 건데요?"

"나는 청나라 땅에서 우리를 도와 줄 사람을 찾을 생각이네. 이대로 돌아갈 수는 없지 않은가?"

유인석은 눈물을 머금고 의병을 해산시킬 수밖에 없었다. 그는 부하들에게 그 동안 수고 많았다는 말을 남기고 각자 원하는 길을 가라고 했다.

"자네는 어떻게 할 생각인가?"

"이제 그만 집으로 돌아가야지. 그러는 자네는 어떻게 할 생각인가?"

"난 끝까지 대장을 따라갈 거야."

유인석을 끝까지 믿고 따랐던 219명의 제천 의병. 그들은 청나라 땅 파저 강변에서 뿔뿔이 흩어지고 말았다.

의병 해산 후, 유인석의 곁에는 재종형인 유홍석과 그의 문인인 김화식, 윤정섭·윤양섭 형제, 원용정, 그리고 시종과 하인 등 20여 명만 남게 되었다. 유인석은 이들을 이끌고 선양(심양)으로 갔다.

유인석은 선양으로 가는 길에 청나라 장수들을 만나 군사적 지원을 부탁했다. 하지만 그들은 하나 같이 일본과의 화의를 이유로 군사적 지원은 불가능하다고 했다. 유인석은 더 이상 청나라의 도움을 기대할 수 없다는 것을 깨달았다. 위안스카이를 찾아간다고 해도 별 뾰족한 방법이 없을 것 같았다.

"선생님, 재기 항전도 의미가 있겠지만 우리의 풍속과 화맥을 지키는 것도 의미가 있다고 생각합니다."

유인석은 선양에서 유치경을 만났다. 유치경은 유인석이 망명하기 전에 이미 신지수와 함께 청나라 땅으로 건너와 있었다. 그는 유인석의 명을 받아 청나라 당국의 원조를 얻기 위해 선양에 머무르고 있던 중이었다.

유치경은 청나라의 원조는 기대하기 어렵다고 하면서, 차라리 동포들이 많이 살고 있는 간도로 건너가서 재기를 도모하라고 충고했다. 유인석은 유치경의 의견을 받아들여 퉁화(통화) 현 오도구로 들어갔다. 오도구는 한인 거주 지역으로 유인석은 그곳에서 옛 풍습을 지키며 재기의 날을 기다릴 생각이었다.

"선생님, 이곳에 근거지를 마련해 동지들을 불러 모은다면, 왜적에 대항할 힘을 기를 수 있지 않을까?"

"그러면 좋지. 만약 적을 토벌할 수 없다고 해도 이곳에서 화맥을 보존하며 지내는 것만으로도 큰 의미가 있을 걸세."

유인석은 제자들과 함께 간도에 새로운 근거지를 마련하는 사업에 착수하는 한편, 의병을 일으켰던 여러 선비들과 동문 사우들에게 편지를 보내 국내에서의 재기 항전이 어려우니 간도로 건너와 함께 힘을 기르자고 했다.

유인석은 오도구에 있는 이용태의 집에 머무르며, 망국단과 망배단을 만들어 한인 이주민들의 애국심을 고취시키려고 노력했다.

"선생님, 왜 침묵하고 계십니까?"

"아직은 때가 아니기 때문이오."

"그때가 언제쯤 올까요?"

"머잖아 의병들이 하나로 뭉치게 될 것이오. 그러니 조금만 기다리시오."

"선생님, 무작정 기다리고 있을 수만은 없습니다."

유인석의 주변 사람들은 유인석이 침묵하는 것을 이해하지 못했다. 그렇기 때문에 빨리 나가 싸우자고 그를 부추겼다. 집주인인 이용태도 그 중 한 사람이었다.

이용태는 유인석처럼 느긋하게 기다리지 못했다. 그래서 강릉 의진에서 활동하다 망명한 최문환과 함께 군사 행동을 하기로 했다. 이용태는 군사를 일으키는 데 필요한 자금을 마련하기 위해, 유인석 일행을 개화파로 몰아 곤경에 빠뜨린 다음, 유인석이 가지고 있던 의병 자금을 강탈했다.

이용태는 이 돈으로 마적 100인을 빌려 최문환의 의병과 함께 압록강을 건넜다. 삼수를 공격하기 위해서였다.

이용태와 최문환은 삼수를 공격해, 삼수 군수를 처형하는 등 전과를 올렸다. 그들은 기세를 몰아 갑산으로 갔으나 너무 서두른 나머지 전투에서 패하고 말았다.

이용태와 최문환은 돌아오는 길에 서로 의견이 맞지 않아 대립하다가, 이용태가 최문환을 죽이고 말았다. 이를 삼수 사건(1897년 3월)이라고 한다.

삼수 사건으로 인해, 유인석은 오도구를 떠나 한인들이 많이 살고 있다는 회인현으로 이주하게 되었다. 유인석은 회인현에 도착한 지 얼마 되지 않아 고종의 편지를 받았다. 그가 조선을 떠나기 전에 국왕에게 상소한 것의 답을 받은 것이다.

왜놈들이 틈을 엿보고, 간신들이 멋대로 명령을 내리니 부끄러움을 씻을 길이 없도다. 명을 내려 군대를 움직인 것은 부득이한 일이며, 내가 그대의 죄 없음을 알고 있으니, 즉시 돌아오기 바란다.

유인석은 고종의 답장을 받고 감격의 눈물을 흘렸다. 그는 1년 여간의 망명 생활을 청산하고 귀국할 준비를 서둘렀다.

"선생님, 이곳에서 할 일이 아직도 많습니다. 그런데 이렇게 떠나시면 저희들은 어떻게 합니까?"

유인석이 귀국하겠다는 의사를 밝히자, 제자들과 측근들이 그를 만류했다.

"내가 일전에 왕명의 조칙을 받지 않은 것은 군사를 일으켜 대의를 세울 때였기 때문이지만 지금은 군사를 일으킨 것도 아닌데 왕명을 받지 않는다면 이는 인륜을 끊는 행위나 마찬가지네."

"선생님, 혹시라도 이번 일이 간사한 자들이 꾸민 속임수라면 어떻게 하시겠습니까?"

"모름지기 군자는 그럴듯한 속임수에는 속아넘어가기도 해야 하네. 그러니 걱정하지 말게나."

유인석은 제자들의 만류에도 불구하고 귀국하겠다는 뜻을 굽히지 않았다.

1897년 8월, 귀국 길에 오른 유인석은 국경 지대인 초산에서 고종 앞으로 상소를 올렸다. 상소에는 지금까지의 행적이 소상히 기록되어 있었다.

유인석은 귀국한 뒤, 고향인 춘천에서 오랜만에 평화로운 휴식을 맛보았다. 그는 그곳에서 고종으로부터 상소에 대한 답을 받았다.

그 동안의 잘못을 뉘우치고 자수하다니 참으로 가상하다. 내 특별히 너의 죄를 용서하고 새로운 삶을 살 수 있도록 길을 열어 주겠다.

'내게 죄가 있다면, 국가를 위해 의를 다하지 못한 것과 부모를 위해 상을 마치지 못한 것뿐이다. 왕명을 받들고 귀국한 나를 임금께서는 어찌…….'

유인석은 고종의 답장을 받고 크게 실망해 출국을 결심했다. 그는 양어머니의 대상을 치르고 나서 다시 출국할 생각이었다.

그 무렵, 유인석은 신변의 위협을 받고 있었다. 그가 가정리로 돌아왔다는 소식이 전해지자, 제천 의병에 의해 아버지를 잃은 전 단양 군수 권숙의 아들과 전 충주 관찰사 김규식의 아들이 유인석 암살을 시도했던 것이다.

가까스로 화를 면한 유인석은 더 이상 이 땅에 머무를 수 없다고 생각했다. 신변의 위협도 위협이었지만 더 이상 조선에 머무를 명분이 없었기 때문이다.

"여러분, 나와 함께 랴오둥 땅으로 건너갑시다. 그곳에 의병 해외 기지를 건설하고 재기를 기다리는 겁니다. 이제 이 땅에서는 더 이상 우리 문화를 보존하고 도맥을 이어갈 수 없습니다. 그러니 뜻이 있는 사람은 나를 따르시오."

1898년 3월, 유인석은 측근들을 이끌고 청나라 퉁화 현 오도구로 제

2차 망명 길에 올랐다. 그와 뜻을 같이 하는 문인 사우들도 그를 따라 대거 망명했다.

　유인석은 랴오둥 반도로 건너가기 직전에 '재입요동약정의체'라는 장문의 글을 지어 발표했다. 그는 처음 망명을 시도했을 때는 의병 재기를 통해 복수를 하려고 했으나 망명으로 그치고 말았다고 하면서, 이번에는 기필코 의병 봉기를 통해 적을 토벌하겠노라고 했다.

　유인석과 그의 측근들은 퉁화 현 오도구에서 잠시 머물다가, 그 해 10월에 퉁화 현 팔왕동으로 이사했다.

　유인석은 팔왕동에 거주하고 있는 한인들을 하나로 묶기 위해 향약을 설치하고, 애국심을 고취시키기 위해 망국단과 망배단을 세웠다. 공자 · 주자 · 우암 · 화서 · 중암 · 성재의 영정을 봉안하는 성묘를 세워 정신적 귀의처로 삼고, 〈동국풍화록〉, 〈출처설〉, 〈국병설〉 등을 저술하는 등 활발하게 활동했다.

6. 세상에 눈을 뜬 신돌석

　신돌석은 1878년 11월 3일, 경상도 영해도호부 남면 복평리 정신곡(현재 경상북도 영덕군 축산면 도곡동)에서 평산 신씨 석주와 분성 김씨인 어머니 사이에서 태어났다. 그는 2남 2녀 중 셋째이면서 큰아들이기도 했다.

　신돌석의 본명은 태호다. 그런데 사람들은 그를 태호가 아닌 돌석이라고 불렀다. 그의 부모는 아들에게 천한 이름을 지어 주어야 오래 산다고 믿었기 때문에 그를 태호가 아닌 돌석으로 부르게 했다.

　신돌석은 고려 개국 공신 신숭겸의 후손이다. 고려가 망하고 조선이 들어서자 그의 집안은 몰락하기 시작했다. 신돌석의 가족들이 영해에서 살게 된 것은 그의 7대조 할아버지인 신후종이 영해에 정착하면서부터였다.

　신후종이 영해에 첫발을 내디딜 당시만 해도 그들은 사족(선비 집안)의 신분을 유지하고 있었으나, 점차 가세가 기울기 시작하면서 신돌석이 태어날 무렵에는 향리 직책도 얻지 못하는 형편이 되었다.

　신돌석은 어려운 가정 형편 속에서도 밝고 건강하게 자랐다. 그는

어려서부터 힘이 셌으며 몸도 남달리 날렵해 골목대장은 항상 그의 몫이었다.

신돌석은 불의를 보면 참지 못하는 성격이었다. 그래서 아이든 어른이든 잘못을 한 사람에게는 거리낌없이 이를 지적하고 고치게 했다.

'저 아이 눈빛이 예사롭지 않아…….'

육이당 이중립은 신돌석과 한 마을에 살고 있었다. 그는 신돌석이 범상치 않은 아이라는 것을 단번에 알았다.

"네 이름이 무엇이냐?"

"신돌석입니다."

"내가 누군지 아느냐?"

"윗마을에 사는 육이당 어르신이라고 알고 있습니다."

"잘 알고 있구나."

이중립은 신돌석에게 은근히 마음이 끌렸다. 그래서 이것저것 묻기 시작했다.

"그래, 너는 꿈이 무엇이냐?"

"용기 있는 사람이 되는 것입니다."

"어떤 사람이 용기 있는 사람이라고 생각하느냐?"

"의를 보고도 행하지 않음은 용기가 없기 때문이라고 했습니다. 저는 불의에 맞서 싸울 줄 아는 그런 사람이 되고 싶습니다."

"〈논어〉를 읽었느냐?"

"제가 감히 어디서 글을 배운다는 말씀이십니까?"

"그럼, 내일부터 내 밑에서 글공부를 하도록 해라. 용기 있는 사람이 되려면 힘만 세서는 안 되거든. 암, 안 되고 말고."

이중립은 자신의 사랑에 서당을 열고 문중 차원에서 이를 운영하고 있었다. 그는 신돌석의 비범함을 눈치채고 그가 중인 신분임에도 불구하고 양반 자제들과 함께 제자로 받아들였다.

신돌석은 육이당 이중립의 배려로 진성 이씨 양반 가문의 자제들과 어울려 글공부를 시작했다. 그는 한문을 배우고, 책을 읽으면서 세상 보는 눈을 키웠다.

명성왕후 시해 사건과 단발령을 계기로 전국 각지에서 의병이 봉기하자, 영해와 인근 영덕에서도 의병이 일어났다.

1896년, 신돌석은 열아홉의 나이로 의병이 되었다. 그는 김검과 신운석이 이끌던 영덕 의진에 들어가 중군장으로 맹활약했다. 영덕 의병은 얼마 뒤, 인근 영해 의병과 경기도에서 남하한 김하락 의병과 연합해 연합 의진을 형성하게 되었다.

의병장 김하락은 경북 의성 출신으로, 단발령에 반발해 의병을 일으킨 뒤 줄곧 경기도 일대에서 무력 항쟁을 벌였다. 그의 부대는 이천에서 일본군과 맞붙어 큰 승리를 거두었다. 이에 여주에서 의병을 일으킨 심상희 부대가 함께 싸울 것을 제의했고, 이들 부대는 연합 작전을 펼쳐 남한산성을 손에 넣었다. 그때, 그의 휘하에는 2천 여 명의 의병이 있었다.

김하락은 남한산성을 근거지로 삼아, 일대에서 개화 정책을 펴던

관찰사나 군수 등을 잡아들여 문책하고 처단했다. 의병 활동을 진압하려는 관군과 의병을 토벌하려는 일본군과도 맞서 싸웠다. 일본 군용 시설과 일본군 주둔지도 수시로 공격했다.

관군과 일본군 친위대는 의병을 진압하기 위해 남한산성으로 병력을 집결시켰다. 하지만 의병들의 기세에 눌려 번번이 패하고 말았다.

조정에서는 의병 대장을 맡고 있던 박준영과 우익장 김귀성에게 각각 수원 유수와 광주 유수에 임명할 테니, 항복하라고 회유책을 썼다. 벼슬 자리가 탐난 박준영과 김귀성은 병사들에게 약이 든 술을 마시게 했다. 그리고 모두가 취해 쓰러진 틈을 타 성문을 열어 관군을 맞아들였다. 의병들은 어이없게 성을 빼앗기고 말았다.

김하락은 그대로 주저앉을 수가 없었다. 그래서 군사를 수습한 다음, 경상도 방면으로 남하했다. 영남 지방으로 근거지를 옮길 생각이었던 것이다. 김하락 의진은 단양을 거쳐 안동으로 남하한 다음, 안동을 중심으로 영덕과 흥해 일대에서 무력 항쟁을 벌였다.

1896년 7월 2일, 김하락 의진은 영덕에 진출하게 되었고, 그는 영덕 의병과 영해 의병을 찾아가 연합할 것을 제의했다. 이렇게 해서 대규모 연합 의진이 형성되었다.

"대장, 일본군이 영덕으로 쳐들어온다는 정보가 있습니다."

"그게 언제쯤이라고 하더냐?"

"그건 잘 모르겠습니다."

"아무튼 이번에야말로 왜놈들에게 본때를 보여 주고 말 테다."

김하락은 일본군 300여 명이 홍해진을 거쳐 영덕으로 들어온다는 정보를 입수했다. 그래서 일본군 토벌을 위한 작전 회의에 들어갔다.

"일본군이 홍해 쪽에서 온다면 남천쑤에 배수진을 치고 기다리면 될 것입니다."

"남천쑤가 어디요?"

"오십천 변에 있는 숲의 이름입니다."

"옳아, 그러면 되겠군."

신돌석은 영덕과 영해 일대의 지리에 훤했다. 그래서 김하락이 작전을 세우는 데 많은 공헌을 했다.

1896년 7월 13일, 김하락이 이끄는 연합 의진은 영덕 오십천 가에 자리한 남천쑤라는 숲에서 일본군, 관군과 맞닥뜨리게 되었다.

이날 전투는 김하락이 이끄는 연합 의병의 승리로 끝이 났다. 하지만 다음날은 상황이 역전되었다. 의병은 초반부터 밀리고 있었다. 쏟아지는 폭우와 미처 예상치 못했던 관군과 일본군의 협공 작전 때문이었다.

일본군과 관군은 육로와 수로로 한꺼번에 밀려들었다. 안동과 강구 양쪽 방면에서 협공해 들어오자 의병은 꼼짝없이 남천쑤에 고립되고 말았다.

"으……."

전투가 한창일 때, 의병 대장 김하락이 어깨를 감싸며 주저앉았다. 김하락이 양쪽 어깨에 총을 맞았던 것이다.

"대장이 총에 맞았대."

"뭐라고? 대장이 총에 맞아?"

"이를 어쩌면 좋지……."

김하락이 총을 맞고 쓰러지자, 전세는 급속도로 불리해져 갔다. 의병들이 우왕좌왕하며 진을 이탈하기 시작했기 때문이다.

"왜놈들에게 잡혀 욕을 당하느니 차라리 깨끗이 죽고 말 테다."

"대장, 이러시면 안 됩니다."

"미안하네."

김하락은 일본군에게 붙잡혀 욕을 당하느니 차라리 스스로 목숨을 끊겠다며 강물에 몸을 던졌다.

"대장, 아직 할 일이 많은데 이렇게 떠나시면 어떻게 합니까?"

너무나 순식간에 당한 일이라 신돌석은 눈물조차 흘리지 못했다.

신돌석은 말없이 흐르는 오십천을 내려다보며 이렇게 울부짖었다.

"대장, 나는 대장의 뒤를 따르지 않을 것이오. 할 일이 많은 지금 대장처럼 헛되이 죽지 않겠다는 말이오. 나는 죽는 그 날까지 왜놈들과 맞서 싸울 것이니 하늘에서 지켜보시오!"

김하락이 죽고 난 뒤에도 신돌석은 의병 활동을 계속했다. 그러다가 관군에게 쫓기는 몸이 되어 고향을 떠나게 되었다.

신돌석은 전국 방방곡곡을 떠돌아다니며, 답답한 마음을 달랬다. 석보에 있는 석천 서당에서 머무를 때, 그는 이렇게 울분을 토하기도 했다.

분분한 세상의 일이여
우연히 이 서당에 올랐다
때때로 주먹을 치고 팔을 날리니 의열이 솟구치고
입을 열면 시커먼 핏덩이가 땅에 떨어진다.

 신돌석은 전국을 떠돌며, 세상이 어지러운 이때, 자신이 해야 할 일이 무엇이고 할 수 있는 일이 무엇인지 고민했다.
 '그래, 세상이 내 뜻대로 움직이지 않는다고 해서 괴로워할 필요 없어. 지금은 정처 없이 방방곡곡을 떠도는 신세가 되었지만 이대로 주저앉을 내가 아니니까. 언젠가는 재기해 왜놈들을 이 땅에서 몰아내고 말 거야.'
 이런저런 생각을 하며 떠돌아다니던 신돌석은 마음이 통하는 여러 사람들과도 사귀게 되었다. 훗날 의병을 일으킨 손병희·박상진·민긍호·이강년 등을 이때 만난 것이다.
 신돌석은 그 중에서도 박상진과 호흡이 척척 맞았다. 그래서 서로 호형 호제하는 사이가 되어 잘 지냈다.
 "형님, 이 나라가 어떻게 되려고 이 모양인지 참으로 걱정입니다."
 "이 나라 백성들이 다 자네와 같은 생각을 한다면 나라꼴이 이렇지는 않을 텐데……."
 "형님, 앞으로 어떻게 살아야 할지 정말 모르겠습니다."
 "왜 그렇게 약한 소리를 하나. 우리 신념을 갖고 부딪쳐 보자고."

신돌석과 박상진은 서로에게 용기를 북돋워 주었다. 신돌석의 끝이 보이지 않는 방황은 그렇게 계속되고 있었다.

7. 신출귀몰한 의병 대장, 태백산 호랑이

정자에 오른 나그네, 문득 갈 길을 잃고
한숨 겹다 단군 터전 잎 잃고 쓰러진 나무
사나이 스물일곱 한 일이 무엇이냐
이윽고 비껴 서니 가을 바람에 밀려오는 벅찬 감회여.

오랜 방황 끝에 영해로 되돌아온 신돌석은 가슴이 답답할 때마다 월송정에 올랐다. 그는 누각에 걸터앉아 어지러운 나라를 위해 자신이 할 수 있는 일이 무엇일까 생각하며 시간을 보냈다.

그 즈음인 1905년 을사 보호 조약이 체결되었다. 러일 전쟁에서 승리한 일본은 대한제국에 대한 침략을 본격적으로 추진하기 위해서 한일 협약을 강요했다.

한일 협약에는 대한제국의 재정과 외교 분야에서 일본이 추천하는 고문을 써야 한다는 내용이 들어 있었다.

고종과 내각의 반대에도 불구하고, 이완용·이근택·이지용·박제순·권중현 등 일부 매국 대신들이 조약을 승인했다.

그 결과, 대한제국의 외교 업무는 일본의 외무성이 지배하고 감독하게 되었으며, 한성에 통감부를 설치해 일본의 통감이 경성에 머물면서 한국 정부를 지휘, 감독하게 되었다. 외교권은 물론이고 내정까지 일본의 간섭을 받게 된 것이다.

저 개, 돼지만도 못한 정부 대신들이 나라를 팔았다. 삼천리 강토와 오 백 년 왕국을 남의 나라에 넘기고 이 천만 동포를 노예로 만들었구나. 아, 분하다. 단군 이래 사 천 년의 겨레가 하룻밤 사이에 멸망하였구나. 아, 원통하고 분하다. 동포여, 어찌 우리 이 날 땅을 치며 울지 않을 것이냐!

―장지연, '시일야방성대곡' 중에서

을사 보호 조약이 체결되자, 일본의 침략을 규탄하고 을사 보호 조약을 무효화하자는 운동이 일어났다. 이를 계기로 1905년 병오 의병이 일어났다.

신돌석은 전국 각지에서 의병이 봉기하고 있다는 소식을 들었다. 이번 기회에 자신도 의병을 일으키리라 다짐했다.

그때, 영천에서 정순기가 찾아왔다. 정순기는 자신의 육촌형인 정용기가 영천에서 의병을 일으킬 준비를 하고 있다고 하면서, 정용기가 영해와 영덕 지방에서 의병을 일으킬 인물로 신돌석을 지목했다고 했다. 그는 어서 빨리 봉기해 자신들과 함께 힘을 모아 왜놈들과 맞서 싸우자고 했다.

"무슨 뜻인지 알겠소. 가서 형님께 전하십시오. 영해 땅에서도 머잖아 의병이 일어날 거라고……."

신돌석은 영해에서 의병을 일으키기로 하고, 의병을 일으키는 데 필요한 준비와 전략을 세우는 작업에 들어갔다.

정순기가 다녀간 지 얼마 되지 않아, 정용기가 영천에서 의진을 조직했다는 소식이 들려 왔다.

'나도 서둘러야겠군.'

신돌석은 을미 의병에 참가했을 때의 경험을 되살려 의병을 일으키기로 하고, 막바지 준비 작업에 들어갔다. 그는 무턱대고 의병을 일으키는 것보다는 철저히 준비를 한 다음, 의병을 일으켜야 한다고 생각했다.

'우선 지휘 체계를 잘 잡아야 해. 대장 아래 중군과 선봉장, 포대장을 두고, 전략을 담당하는 참모와 병력, 식량 및 무기를 조달하는 소모관도 필요하겠지? 병사들은 어떻게 모집하는 게 좋을까.'

신돌석은 인력 확보가 가장 중요한 문제라고 생각했다. 그는 그 동안 생각해 둔 인물들로 지휘부를 구성한 다음, 전투 장비와 의복 그리고 식량 등 소모품 확보에 나섰다.

"돌석아, 고생이 많구나."

"아버지, 여기는 어쩐 일이세요?"

"네가 의병을 일으킨다는데 내가 가만히 있을 수는 없지 않느냐."

신돌석의 아버지 신석주는 자수성가한 사람이었다. 그는 아들이 의병을 일으키려 한다는 소식을 듣고, 쌀 100섬을 가지고 와 선뜻 내어놓았다.

"아버지, 감사합니다."

"언제든 필요하면 말만 해라. 내 전 재산인들 못 내어놓으랴."

신석주는 이렇게 아들을 격려했다.

아버지의 격려에 힘을 얻은 신돌석은 1906년 3월, 마침내 '영릉 의병'이라는 이름을 내걸고 기병했다. 주점을 운영하는 김춘궁의 집 앞에서 의병을 일으켰다.

신돌석은 중군장에 김용욱, 선봉장에 한영육, 포대장에 신태종, 참모장에 박수찬, 소모장에 이춘영 등을 임명하고, 스스로 의병장이 되었다.

신돌석이 의병을 일으켰다는 소식이 전해지자, 인근 지역에 거주하고 있던 300여 명의 장정들이 의병을 자원했다. 그들 대부분은 평민이었고, 개중에는 농민과 포군 그리고 양반도 있었다.

"아, 나는 울지 않으련다. 운다고 기울어진 국권이 회복되겠는가. 목숨이 남아 있을 때, 왜놈들을 하나라도 더 베어야지. 이것만이 지혜로운 사람, 정의를 아는 사람이 나아갈 길이다."

신돌석은 의병들을 한자리에 불러모아 자신이 의병을 일으킨 이유를 설명하고, 무엇 때문에 싸워야 하는지를 다시 한 번 일깨웠다.

신돌석의 영릉 의진은 마을 앞 개천가에서 훈련을 시작했다. 그러자 이 소식을 전해 들은 영해 군수 경광국이 그를 찾아왔다.

"자네, 의병을 일으켜서 뭘 어쩌겠다는 말인가?"

"그럼, 가만히 앉아서 왜놈들에게 나라를 넘겨주란 말입니까?"

"자네는 목숨이 아깝지도 않나?"

"나라를 위해 이 한 목숨 바칠 수 있다면 그보다 더한 영광이 어디 있겠습니까?"

영해 군수 경광국은 신돌석의 말에 부끄러워졌다.

"빈주먹만 가지고 뭘 어떻게 하겠다는 건지……."

경광국은 돌아오며 이렇게 중얼거렸다. 그는 신돌석의 의기를 높이 샀던 것이다.

상원 마을 앞 개천가에서 훈련을 시작한 영릉 의진은, 고래산 중턱으로 훈련장을 옮겨 강도 높은 훈련을 시작했다. 신돌석은 서두르지 않고 의병들이 전투에 참가할 수 있을 만큼의 실력이 갖추어지기를 기다렸다.

영릉 의병의 군사 자금은 신돌석의 아버지 신석주가 댔다. 그는 자신이 모은 전 재산을 처분해 군기와 군량으로 선뜻 내놓았다. 신돌석의 일가 친척들과 그를 지지하는 양반들도 군자금에 쓰라며 얼마간의 돈을 보내 주었다.

의진이 모습을 갖추어 가자, 신돌석은 슬슬 활동을 개시하기로 했다. 그는 병사들을 불러모아 이렇게 말했다.

"우리의 주요 공격 목표는 다음과 같소. 친일 행정이 벌어지고 있는

관아가 첫 번째 공격 대상이고, 일본이 장악하고 있거나 일본의 이익을 위해 존재하는 경무서·우편소·순교청 등이 다음 공격 대상입니다."

"대장, 일본 어부와 수산업자들도 처단해야 합니다."

"물론입니다. 그들도 우리의 주요 공격 대상이 될 것이오."

신돌석은 일본의 전초 기지가 있는 울진을 첫 공격지로 정했다. 당시 울진에는 일본의 전초 기지와 함께 일본 수산업자들이 머무는 숙소가 있었다. 최신식 장비를 이용해 동해안 수산 자원을 몽땅 쓸어 가는 일본 수산업자들 때문에 영세한 동해의 어부들은 걱정이 이만저만이 아니었다.

신돌석은 출발에 앞서 병사들에게 다음과 같이 당부했다.

"여러분, 우리 모두 힘을 합해 어려움에 빠진 나라를 구합시다. 여러분, 우리 주변에는 의로운 일을 한다고 하면서 남에게 피해를 주는 사람들이 있습니다. 우리는 의를 위해 싸우는 의병입니다. 우리만이라도 절대 민폐를 끼치지 맙시다."

신돌석이 이끄는 영릉 의진은 영해를 출발, 영양에서 병사와 식량과 무기 등을 확보하며 울진을 향해 북상했다.

영릉 의진이 울진 근교 화리시에 막 도착했을 때였다. 그들은 갑작스레 관군과 맞닥뜨리게 되었다. 신돌석 부대가 울진을 향해 북상한다는 정보를 입수한 울진 군수 윤우영이 원주 진위대에게 지원군을 요청했던 것이다.

화리시에서 맞닥뜨린 영릉 의진과 원주 진위대. 영릉 의진은 난데없는 적의 출현에 놀라 총 한 번 제대로 쏘아 보지 못하고 후퇴했다.

"여러분, 전투에서는 이길 때도 있고 질 때도 있소. 그러니 너무 실망하지 마시오."

신돌석은 병사들을 위로했다. 평생 총이라고는 구경도 못 했던 이들이 사람을 향해 총구를 겨누려고 하니 얼마나 두려웠을까 하는 생각이 들었기 때문이다.

신돌석은 병사들의 사기를 북돋운 다음, 출발을 명령했다. 그는 울진으로 가는 길에 영양·청송·의성 관아를 공격해 무기를 확보했다.

신돌석은 태백산과 소백산 줄기를 넘나들며 크게 활약했다. 그때부터 사람들은 그를 '태백산 호랑이'라고 부르기 시작했다.

신돌석 부대는 주로 관아와 일본인이 장악한 경찰서, 우체국 등을 공격했다. 때문에 관군과 일본군은 막대한 피해를 입었다. 관군과 일본군은 신돌석을 잡으려고 혈안이 되어 있었다. 하지만 신돌석이 워낙 신출귀몰해 잡을 수가 없었다.

신돌석이 이끄는 영릉 의진은 어렵사리 울진에 도착했다. 그들은 울진 시내에 있는 일본인 거주지를 습격해 가옥을 부수고, 일본인을 사살했다. 그러는 와중에 관군과 맞닥뜨려 한바탕 전투를 치르기도 했다. 울진 전투 이후, 신돌석은 병사들을 이끌고 영해로 되돌아왔다. 지친 병사들을 쉬게 하기 위해서였다. 때는 1906년 5월 10일이었다.

"대장, 왜놈들을 혼내 주고 싶어서 온몸이 근질근질합니다."

"나도 그렇소. 며칠만 더 참으시오."

신돌석은 의진을 재수습한 다음, 또다시 울진을 공격하러 갔다. 지난 전투에서 얻은 자신감을 바탕으로 이번에는 울진 관아를 공격할 생각이었던 것이다. 신돌석은 300여 명이 넘는 의병들을 이끌고 울진을 향해 갔다. 그는 울진으로 가는 동안, 울진 일대에서 활약하고 있던 다른 의진들과 연합 의진을 형성했다.

연합 의진은 울진 관아를 공격해 점령한 다음, 무기고에서 무기를 획득했다. 그런 다음, 여세를 몰아 삼척까지 북상했다.

신돌석은 삼척 장호원에서 일본인 거주 지역에 불을 놓아 집을 불태우고, 일본인을 사살했다. 뿐만 아니라, 일본인 수산업자들이 해삼과 전복을 채취하는 데 사용하는 배 아홉 척을 단숨에 부수었다.

"도대체 뭣들 하고 있는 거냐? 신돌석을 잡아오란 말이다."

일본군은 대구와 경주 일대의 군사력을 총동원해, 신돌석을 잡으려고 했다. 하지만 신출귀몰한 그를 잡을 수 없었다.

신돌석은 일본군의 추적을 피하기 위해 일월산·백암산·동대산 등 영해 일대의 산들을 수시로 옮겨다녔기 때문이다. 신돌석에게 번번이 당해야 했던 일본군은 신돌석의 고향 마을에 들이닥쳐 마을의 집들을 불태우며 화풀이를 했다.

8. 치열한 항일 전투를 벌이며

　전국 각지에서 일어난 의병들이 항일 투쟁을 치열하게 전개하자, 통감부는 고종에게 의병 활동을 중지하라는 조칙을 발표하게 했다. 1906년 6월의 일이다.
　신돌석은 이 조칙이 황제의 진심에서 나왔을 리가 없다고 생각했다. 그래서 의병 활동을 멈추지 않았다. 다른 의병장들도 마찬가지였다.
　당황한 통감부는 각 지방에 의병 활동을 중시하라는 명령을 내리고, 직접 군대를 파견하기에 이르렀다.
　"대장, 통감부에서 의병을 진압하기 위해 군대를 파견한다고 합니다."
　"머잖아 큰 전투가 벌어지겠군."
　"대장, 저들과 맞서 싸우려면 물자 확보에 더욱 신경을 써야 할 것 같습니다."
　"무슨 문제라도 생겼소?"
　"대장, 군자금이 얼마 남지 않았습니다."
　"내가 무슨 수를 써서라도 군자금을 마련할 테니, 걱정 마시오. 혹

시라도 이 일이 알려져 병사들이 민가에 폐를 끼치게 되면 안 되오. 알겠소?"

신돌석은 부하들에게 약탈을 금지하는 통문을 돌렸다. 아무리 형편이 어려워도 다른 사람에게 피해를 주지 않겠다는 소신 때문이었다.

"우리가 이 땅에서 태어난 이상, 우리는 나라에 보답할 의무가 있습니다. 어려움에 빠진 나라를 구하기 위해 일어난 의병들이 굶주려서야 되겠습니까? 형편이 되신다면 좀 도와주십시오."

신돌석은 군자금을 확보하기 위해 경제적 여유가 있는 집들을 방문했다. 그가 방문한 집의 주인들은 하나 같이 좋은 일에 쓰라며 얼마간의 돈을 내주었다. 신돌석 부대는 다른 의병 부대와 달리 백성들의 재물을 강제로 빼앗지 않았다. 그렇기 때문에 주민들은 기꺼이 의병의 편에 서서 의병을 도왔다.

신돌석이 이끄는 영릉 의진에 대한 소문은 한성에까지 파다하게 퍼졌다. 통감부는 신돌석이 영양과 울진 일대의 관아를 점령하고, 무기고의 무기를 강탈해 간다는 보고를 접하고, 신돌석과 영릉 의진을 일망타진하라고 거듭 재촉했다.

통감부는 대구와 원주에 머물고 있던 일본군을 영해로 파견했다. 박두영이 이끄는 대구 진위대 헌병들과 이교상이 이끄는 대구 진위대 관군 그리고 이승칠이 이끄는 원주 진위대 관군도 영해로 급파되었다.

대규모 토벌대가 영해를 향해 속속 모여들고 있다는 소식이 전해지자, 의병들은 긴장했다. 하지만 그들은 크게 두려워하지 않았다. 태백산 호랑이 신돌석이 자신들을 지켜 주리라 믿었기 때문이다.

"적의 대규모 공습이 시작될 것이오. 그러니 마음을 단단히 먹기 바랍니다. 적이 얼마나 될지 모르지만 우리는 저들보다 유리한 입장에 있소. 왜냐하면 우리는 이 일대 지리에 밝기 때문이오. 지형 지물만 잘 이용한다면 저들을 손쉽게 물리칠 수 있을지도 모릅니다."

신돌석은 잠시 쉬었다 말을 이었다.

"지금부터는 각 소대별로 움직여야 합니다. 대규모 부대가 함께 이동하면 적의 눈에 띄기 쉽기 때문입니다. 그러니 소규모 부대로 나눠 유격전을 펼치다가 힘을 합쳐야 할 때가 되면 연합해 싸우도록

합시다."

토벌대가 영해에 도착해 보니, 의병은 온데간데없었다. 그들은 의병이 지레 겁을 먹고 도망친 것이라고 생각했다. 하지만 의병은 멀지 않은 곳에 있었다. 소규모 부대로 활동하고 있었기 때문에 토벌대의 눈에 띄지 않았을 뿐이다.

그러던 어느 날, 영릉 의진의 일부가 평해 부근에서 관군과 맞닥뜨렸다. 의병과 관군은 태백산 자락을 넘나들며 전투를 벌이게 되었는데, 관군은 의병을 따라잡을 수가 없었다. 일대 지리에 훤한 의병들은 토벌대를 따돌리고 유유히 사라지곤 했다. 통감부에서 파견한 토벌대는 몇 차례 소규모 전투를 치른 후 곧 해산되고 말았다. 아무 성과가 없었기 때문이다.

토벌대가 물러가자, 신돌석은 의병들을 영해로 다시 불러모았다. 영해 읍성을 점령하기 위해서였다.

"나으리, 신돌석이 이끄는 의병이 영해로 향하고 있다는 정보입니다."

"그게 뭐 어떻다고 그렇게 호들갑인가?"

"이번에는 저들이 성을 공격할 거라고 합니다."

"뭐라고, 이를 어쩌면 좋단 말인가?"

영해 군수 경광국은 신돌석이 영해를 공격하러 온다는 말에 어쩔 줄을 몰랐다.

"나으리, 우선 지원군을 요청하십시오."

"그, 그래야지."

경광국은 조정에 지원병을 요청하고, 조정에서 내려보낸 병사들을 성 안 구석구석에 매복시켰다. 뿐만 아니라 성벽에 구멍을 파서 총구를 만들고 만일에 있을 전투에 대비했다.

신돌석은 고향인 영해를 직접 공격한 적이 없었다. 그러나 대규모 토벌대가 울진과 영해 지역으로 파견되자 그도 어쩔 수가 없었다.

신돌석이 이끄는 영릉 의진은 영해 읍성에 도착하자마자, 성을 이중 삼중으로 포위했다. 그리고 읍성의 정문에 해당하는 서문을 부수고 성 안으로 들어가려고 했다.

의병들의 총 공세에 겁을 집어먹은 관군들은 남문을 통해 성을 빠져나가기 시작했다. 그러자 이를 본 선본장 이하현이 성에 빨리 들어갈 욕심으로 서문을 부수고 불을 질렀다.

"불이야!"

불이 빠른 속도로 번지자, 신돌석은 이하현을 크게 나무랐다.

"자네, 왜 그렇게 경솔한가?"

"대장……."

"우리는 불의한 무리들만 처단하면 되네. 성 안의 백성들이 무슨 죄가 있다고 백성들에게 해가 될 일을 하는가 말일세. 다시는 이런 일이 없도록 하게. 알겠나?"

"대장, 명심하겠습니다."

신돌석은 쓸데없이 기물을 파손하고, 성 안에 머무르고 있는 죄 없는 백성들에게 피해를 입힌다고 하면서 이하현을 나무랐다.

신돌석의 영릉 의진은 별다른 어려움 없이 영해 읍성을 점령했다. 1906년 7월 3일의 일이다.

영해 읍성을 점령한 신돌석은 영해 군수 경광국에게 그 동안의 죄상을 일일이 따져 물었다.

"내가 무슨 잘못을 저질렀다는 거요?"

"그대가 고을 수령으로 백성들을 사랑하지 않은 바는 아니지만 그래도 꾸짖어야 할 세 가지 큰 죄가 있소이다."

"어디 한번 들어 봅시다."

"좋소. 잘 들으시오."

신돌석은 영해 군수 경광국에게 다음과 같은 죄를 물었다.

"본관은 세 가지 죄를 저질렀소. 첫 번째는 대의에 항거하는 의병진을 효유(알아듣도록 타이름)한 것이고, 두 번째는 군사들을 불러모아 의병을 물리치려 한 것이고, 마지막 세 번째는 왜학을 설치해 백성들에게 도리에 어긋난 행동을 하게 한 것이오."

신돌석은 경광국이 의병에 대항하기 위해 진위대 병사들을 불러들여 자신들을 토벌하려고 한 죄를 묻고, 앞으로는 의병을 공격하지도 말고, 토벌대를 부르지도 말며, 왜학도 받아들이지 말라고 경고했다.

경광국은 신돌석이 지적한 세 가지 죄를 순순히 인정했다. 그의 말이 하나도 틀리지 않았기 때문이다.

"이번에는 이 정도로 끝내지만, 이런 일이 계속 된다면 나는 대의 명분을 지키기 위해 그대를 토벌할 수밖에 없음을 미리 밝혀 두는 바요."

신돌석은 경광국을 나무라고 질책한 다음 아무 조건 없이 풀어 주었다. 하지만 다음 번에는 책임을 물어 처단할 테니 그리 알라는 경고의 말도 잊지 않았다.

영해 읍성을 차지한 신돌석은 영해와 인근 평해 일대에 의병을 지지해 달라는 호소문을 붙였다.

지금 우리에게는 단 한 가지 목표가 있다. 이 땅을 침범한 왜적을 완전히 소탕하고 국권을 회복하는 것이 바로 그것이다. 지금

우리가 나서지 않으면 자손 만대에 영광된 나라를 물려줄 수 없게 된다. 그러니 사사로이 목숨을 살필 생각 하지 말고 함께 나와 싸우자.

신돌석은 백성들에게 의병을 지지해 줄 것을 호소했고, 백성들은 진심으로 의병들을 반겼다. 그 결과, 영릉 의진의 의병 수는 3천을 훌쩍 넘겼다.
신돌석은 기세를 몰아 영덕 읍성을 공격했고, 당황한 영덕 군수는 조정에 사람을 보내 의병을 진압해 달라고 청을 넣었다.
그 사이, 신돌석의 영릉 의진은 영덕 읍성을 손에 넣었다. 신돌석은 경광국에게 했던 것처럼 영덕 군수에게도 죄를 물었다.

조정에서 내려 보낸 토벌대가 영덕에 도착했을 때, 의병은 이미 자취를 감춘 뒤였다. 토벌대는 아무런 성과도 거두지 못하고 돌아갔다.

신돌석의 영릉 의진은 태백산맥을 넘나들며 관군, 일본군과 맞서 싸웠다. 그때마다 신돌석은 병력을 분산시켜 유격전을 벌이도록 했는데, 유격전이 의병에게 가장 유리한 작전이었기 때문이다.

신돌석은 그 후, 4개월 동안 일월산 · 백암산 · 검단산 등 태백산맥을 동서로 넘나들며 위세를 떨쳤다. 그러다 보니 겨울이 코앞으로 다가왔다.

"대장, 날이 제법 싸늘해졌습니다."

"머잖아 겨울이 닥쳐올 텐데 걱정이구려."

"대장, 혹한을 피할 대책이 있습니까?"

"염려 마시오. 내, 추위를 피할 만한 곳을 미리 점찍어 두었소이다."

"역시 대장이십니다."

그 무렵, 신돌석은 겨울을 날 만한 곳을 물색 중이었다. 그는 청송에 있는 보현산 보현사가 겨울을 나기에 적당한 곳이라고 생각하고, 의병들을 이끌고 청송으로 향했다.

신돌석의 영릉 의진이 청송군 이전평에 막 도착했을 때, 의병을 토벌하기 위해 파견된 대구 진위대와 맞닥뜨리게 되었다.

의병과 관군 사이에 곧 전투가 벌어졌다. 이 전투에서 신돌석은 엄지손가락에 탄환을 맞았다.

"윽!"

"대장, 무슨 일이십니까?"

"아무 일도 아니네. 신경 쓰지 말게."

신돌석은 손가락을 다치고도 아무렇지 않은 척했다. 그는 병사들이 동요할까 봐, 아픔도 잊은 채 앞장서 싸웠다.

신돌석의 활약 덕분에 영릉 의진은 관군을 물리칠 수 있었다. 하지만 계속된 전투에 지친 의병들은 다가올 겨울을 미리부터 겁내 뿔뿔이 흩어지고 말았다.

청송 이전평 전투로 인해, 보현사에서 겨울을 나려던 신돌석의 계획은 물거품이 되고 말았다. 신돌석은 하는 수 없이 남은 의병을 이끌고 태백산맥으로 들어갔다. 태백산맥 곳곳에 천혜의 요새들이 숨어 있었기 때문이다. 이런 요새들은 산이 험하고 골이 깊은 곳에 자리하고 있어서 의병들의 은신처로는 그만이었다.

신돌석과 영릉 의병은 태백산맥 깊은 골짜기에서 겨울을 보내고 있었다. 1906년에서 1907년으로 넘어가는 시점이었다.

9. 의병 연합 전선을 구축하다

　겨울이 시작되자, 의병 활동은 소강 상태에 들어갔다. 그러자 일본군은 그 틈을 이용해 의병 체포에 나섰다.
　"이번 기회에 의병을 다 잡아들입시다. 그러기 위해서는 우선 수비대를 증원하고, 각지에 분대를 설치해 끊임없이 수색 활동을 벌여야 할 것이오."
　일본군은 혹한을 피해 피난처로 숨어든 의병들을 찾아내기 위해 혈안이 되어 있었다. 의병들 중에는 그런 사실도 모르고 혹한기를 가족과 함께 보낼 욕심으로 일시 귀가하는 사람도 있었다.
　일본군은 이런 의병들을 찾아내 체포했다. 그들은 의병들이 지니고 있던 무기를 빼앗고, 경찰서로 끌고 가 의병 활동에 관한 여러 가지 정보를 캐냈다.
　울진에도 의병 체포 요원이 파견되었다. 그들은 울진 일대에서 활동하던 20여 명의 의병을 체포했는데, 다행히 영릉 의진에는 그 일로 인한 피해는 없었다.
　신돌석이 이끄는 영릉 의진은 태백산맥에 자리한 요새에서 혹한기를 무사히 넘기고, 1907년 4월부터 활동을 재개했다.

"그 동안 푹 쉬면서 체력을 보충했을 것으로 믿습니다. 그러니 체력을 비축한 만큼 더 열심히 싸웁시다."

신돌석은 활동 재개에 앞서 이렇게 당부했다.

신돌석이 이끄는 영릉 의진이 활동을 재개했다는 소식이 전해지자, 백남수·김치헌·임한조 등이 함께 싸우기를 청했다. 이로 인해 병력이 증가되었고, 영릉 의병의 기세는 하늘을 찌를 듯했다.

"우리의 첫 번째 공격 목표는 영해 일대의 일본군 시설물이오. 언제 어디서 왜놈들과 맞붙게 될지 모르니 정신들 바짝 차리시오."

영릉 의진은 영해 일대의 일본군 분파소를 포위하고 습격했다. 그런 다음, 기세를 몰아 영양으로 활동 영역을 넓혔다.

신돌석은 영양 관아를 공격하러 갔다. 일 년 전만 해도 관아는 관군이 지켰는데, 일 년 사이에 너무 많이 변해 있었다. 관아마다 일본군이 주둔하고 있었던 것이다.

"대장, 왜놈들이 관아를 점령하고 있어서 관아를 공격하는 일이 쉽지 않습니다."

"그러게 말이오. 왜놈들이 버티고 있어서 필요한 물자를 확보하는 일도 쉽지가 않겠소."

"지긋지긋한 왜놈들……."

신돌석은 영양 관아를 공격한 다음, 곧바로 영덕을 공격하러 갔다. 영덕에 있는 일본군 시설물과 영덕에 거주하고 있는 일본군을 제거하

기 위해서였다.

　영릉 의진이 영덕 땅에 도착해 보니, 일본군 시설물과 일본인 가옥은 텅 비어 있었다. 의병이 오는 것을 알고 이미 달아나 버린 것이다.

　신돌석의 영릉 의진은 영덕과 영해를 중심으로 종횡무진 활약했다. 그들은 일본군의 주요 시설을 공격하고, 일본인과 친일파 등을 숙청했다.

　의병의 기세가 하늘을 찌르자, 일본군과 관군은 속수무책으로 당할 수밖에 없었다. 일본군들은 신돌석 이름 석 자만 들어도 벌벌 떨 정도로 그를 두려워하게 되었다.

　한편, 을사 조약을 인정할 수 없었던 고종은 이상설·이준·이위종 세 사람을 제2차 만국 평화 회의가 열리는 네덜란드 헤이그에 특사로 파견했다. 일제의 침략상을 만천하에 알리고, 대한제국이 자주 독립국이라는 것을 밝히기 위해서였다.

　헤이그에 파견된 특사들은 일본의 방해로 만국 평화 회의에 참석하지 못했다. 대신, 세계 각국의 언론인들에게 대한제국의 비참한 실정을 알리고, 대한제국이 주권을 회복할 수 있도록 도와달라고 호소할 수 있는 기회를 얻었다.

　일본은 고종이 한일 협약에 위배되는 일을 했다고 하면서 1907년 7월 20일 강제로 황제 자리에서 퇴위시켰다.

　고종이 강제로 물러나게 되자, 황태자인 척이 왕위를 이어받았다. 그가 바로 조선 제27대 임금 순종이며 대한제국의 제2대 황제다.

순종이 황제 자리에 오르자, 초대 통감인 이토 히로부미는 한일 신협약(7월 24일)을 맺어 대한제국의 통치권을 통감부가 장악하게 했다. 정부 주요 부서마다 일본인이 배치되고, 공문서는 일어로 작성 통용하도록 했다.

그런 다음, 이토 히로부미는 1만 여 명에 달하는 한국군을 강제로 해산시켰다. 한국의 무력적 저항 세력을 제거하기 위해서였다. 이토 히로부미는 한국군을 유지할 만한 여유 자금도 없고, 일본군이 있는데 한국군이 무슨 필요가 있느냐며 군대 해산을 강요했다.

1907년 8월 1일, 시위대 소속 제1 대대 대대장 박성환은 군대 해산 명령을 직감하고 이렇게 울분을 토했다.

"대한제국의 군대가 오늘 부로 없어지게 되었다. 이제 이 나라의 주인이 우리가 아니라는 것이 분명해졌다. 이 나라가 왜놈들의 손에 의해 좌지우지되게 생겼으니, 이를 어쩌면 좋단 말인가!"

박성환은 분통을 터뜨리다 못해 스스로 자결하고 말았다.

"군대를 해산시킨 것도, 대장이 스스로 목숨을 끊게 만든 것도 다 왜놈들 짓이야. 이번 기회에 왜놈들에게 본때를 보여 주자고!"

군인들은 더 이상 참을 수가 없었다. 그래서 무기고로 몰려가 총과 탄약 등을 탈취하고, 거리로 몰려나왔다.

군인들은 서소문에 있는 일본군 진영으로 몰려갔다. 그들은 총을 쏘며 닥치는 대로 부수기 시작했다. 난데없는 기습에 당황한 일본군은 최신 무기를 앞세워 반격을 개시했고, 군인들은 후퇴할 수밖에 없었다.

고종의 강제 퇴위와 한국군의 강제 해산 소식에 반발해 의병이 일어났다. 이때, 해산된 군인들이 대거 의병 진영에 합류하게 되었다.

의병과 맞서던 군인이 의병이 되었다. 군인들은 의진에 들어가 의병들의 기초 체력을 향상시켜 주었고, 총과 화약 등 무기 사용법도 전수했다. 덕분에 의병들은 체력적으로 기술적으로 크게 향상되는 계기를 맞았다. 의병 항쟁이 구국 항일전으로 확대된 것도 이 무렵이다.

신돌석의 영릉 의진에도 지방 진위대에서 이탈한 군인들이 다수 합류했다. 신돌석은 기꺼이 그들을 맞아들였다.

"대장, 삼척 일대의 어민들이 요즘 죽을 지경이랍니다."

"아니, 어째서?"

"일본 수산업자들의 횡포 때문이라고 합니다."

"그렇다면 우리가 나서야겠군."

신돌석은 의병을 이끌고 삼척으로 향했다. 그가 삼척을 공격하러 나선 데는 그럴 만한 이유가 있었다. 요즘 들어 일본 수산업자들이 잠수기 등을 이용해 동해안 어류 자원의 씨를 말리고 있었기 때문이다.

신돌석은 장호동의 일본인 가옥과 시설물을 불태우고, 일본인 수산업자를 잡아들여 벌했다. 그리고 어선과 잠수기 등을 못 쓰게 만들었다.

9월 15일, 삼척을 공격하고 돌아 나오던 영릉 의진은 영양 인근에서 일본군 토벌대와 마주치게 되었다.

그 무렵, 일본군 사령부는 남부 수비관구 사령관에게 영남 지방에서 활동하는 의병을 모두 토벌하라는 대대적인 작전 명령을 내렸다. 신돌석의 영릉 의진은 그들의 첫 번째 토벌 대상이었다.

신돌석은 그런 사실도 모르고, 일본군과 맞서 싸웠다. 의병에게는 불리할 수도 있었던 이 전투에서 의병은 별다른 손실을 입지 않았다. 신돌석이 태백산의 지형 지물을 이용해 토벌대를 따돌렸기 때문이다.

"대장, 일본군의 움직임이 심상치 않습니다."

"내 생각도 그렇소."

영양 전투 후, 신돌석은 일본군의 동태가 심상치 않다는 것을 눈치챘다. 그는 새로운 방법을 모색해야겠다고 생각했다.

그 무렵, 신돌석은 문경 일대에서 활약하던 이강년 부대와 만나게 되었다.

"신 장군, 반갑소."

"이게 얼마 만입니까?"

이강년과 신돌석은 서로를 알아보고 반가워했다.

"그래, 지금 어디로 가는 길이오?"

"순흥 지방으로 가는 길입니다."

"우리도 그쪽으로 가는데, 같이 갑시다."

신돌석 부대와 이강년 부대는 영주 순흥 지방으로 함께 이동했다. 남천쑤 전투에서 패한 신돌석은 쫓기는 신세가 되어 전국을 떠돌다 여러 사람을 만났는데, 이강년도 그때 만난 사람 중 하나였던 것이다.

그들은 지난날을 추억하며 감회에 젖었다.

"신 장군, 우리가 힘을 합한다면 왜놈들이 꼼짝 못할 것 같은데, 어떻소?"

"어르신과 함께 싸울 수 있다면 저로서는 영광이지요."

"그럼, 우리 연합하는 겁니다."

신돌석과 이강년은 연합 의진을 형성해, 순흥 일대의 일본군 분파소를 습격하고, 시내에 있는 일본군 주요 시설도 불태워 버렸다.

"신 장군, 정말 대단하십니다."

신돌석의 활약상을 지켜본 이강년이 감탄했다.

"별 말씀을 다 하십니다."

"내가 보기에 신 장군이야말로 영남 총대장 감이오."

이강년은 신돌석의 용맹과 힘을 높이 평가했다.

신돌석과 이강년이 이끄는 두 의진이 연합 작전을 펼치자, 영해·영양·울진 인근 수백 리 안에는 일본인이 관청을 두고 주재하지 못할 정도가 되었다.

일본군 남부 수비관구 사령관은 대구 지역에 주둔한 아카시 소좌 부대에게 의병 토벌을 명령했다. 아카시 소좌는 대구와 삼척에 주둔하고 있는 일본군을 이끌고 의병을 토벌하러 나섰다.

일본군 토벌대는 의병이 울진에 있는 줄 알고 울진으로 향했다. 그들이 울진에 도착했을 때, 울진은 이미 폐허로 변해 있었다. 관아와 주요 건물은 물론이고 민가까지 의병의 공격을 받아 불타 없어졌던

것이다.

일본군 토벌대는 어떻게 해야 좋을지 몰라 한참을 그대로 서 있었다. 그리고 머물 곳을 찾아 울진 인근 마을로 이동했다.

통감부는 토벌 작전과 더불어 회유 작전을 폈다. 의병을 토벌하기 위해 군대를 파견하고 동시에 황제의 명으로 된 회유문을 돌렸던 것이다. 그들은 귀순하는 자에 한해서 죄를 묻지 않겠다며 회유할 것을 권유했다.

"임금께서 이런 명을 내리시다니……."
"이건 임금님의 뜻이 아닐 거야. 임금님이 그러실 리 없어."
"이건 분명 왜놈들의 짓이야. 놈들이 속임수를 쓰는 것이라고."

의병들은 회유 조칙이 황제의 뜻이 아니라는 것을 간파했다. 신돌석과 이강년도 항쟁을 멈추지 않았다.

울진에 머물고 있던 일본군 토벌대는 신돌석과 이강년이 이끄는 연합 의진이 일월산 부근에 자주 나타난다는 정보를 입수하고, 일월산으로 향했다.

그 시각, 의병들도 토벌대가 들이닥친다는 정보를 입수했다. 신돌석은 인명 손실을 막기 위해 토벌대를 피해 태백산맥 자락으로 숨어들었다.

일본군 토벌대는 이번에도 허탕을 쳤다. 일월산 일대를 다 뒤져 봐도 의병의 흔적을 찾을 수 없었기 때문이다.

"신돌석, 어디 잡히기만 해 봐라."

아카시 소좌는 분해 어쩔 줄을 몰랐다.

한편, 중부 지방에서는 이인영 부대를 중심으로 연합 의진이 형성되어 가고 있었다. 여주 출신 의병장 이인영은 전국 각 지방의 의병장들에게 격문을 띄워, 양주에서 의병 부대를 통일해 한성을 향해 진격하자고 했다. 1907년 11월의 일이다.

신돌석도 이 격문을 받았다. 혹한기를 맞아 활동을 접고 있던 신돌석은 천여 명의 병사를 이끌고 양주로 향했다.

양주에 도착해 보니, 전국 각지에서 올라온 의병들로 발 디딜 틈이 없었다.

"이 사람들이 다 의병이란 말인가?"

신돌석은 놀라 입이 다물어지지 않았다.

1908년 1월, 경기도 양주에서는 '13도 의병 대회'가 열렸다. 전국 각지에서 올라온 의병들이 함께 모여 연합 부대를 결성한 것이다.

양주에는 연합 의병 부대 13도 창의 대진소가 결성되고, 관동 창의대장 이인영이 13도 창의총대장으로 추대되었다. 창의총대장으로 추대된 이인영은 각 도별로 의병장을 천거했다. 신돌석도 그간의 공을 인정받아 경상도 대표인 교남 창의대장에 추대되었다.

얼마 뒤, 교남 창의대장은 신돌석에서 박정빈으로 바뀌었다. 많은 사람들이 신돌석을 추대했음에도 불구하고, 이인영은 그가 양반이 아니라는 이유로 그 자리를 양반인 박정빈에게 넘겼던 것이다. 전라 창의대장 문태수도 같은 이유로 창의대장 자리를 다른 사람에게 넘겨주어야 했다.

"대장, 가만히 보고 있을 겁니까?"

"가만히 보고 있지 않으면?"

"대장, 이건 있을 수 없는 일입니다. 저들이 어떻게 대장에게……."

신돌석은 양반이 아니라는 이유로 의병장들 사이에서 따돌림을 당했다. 이에 격분한 부하들은 금방이라도 들고일어날 태세였다.

"그만 돌아들 가자. 이곳은 우리가 있어야 할 곳이 아닌 것 같다."

신돌석은 부하들을 설득해 영해로 돌아왔다. 양주에 더 머물렀다가는 부하들이 무슨 짓을 저지를지 몰랐기 때문이다.

이인영의 13도 연합 의병 부대는 양반과 유생 출신으로만 지휘부를 구성하는 등 차별 대우를 일삼아 병사들의 호응을 얻지 못했다. 때문에 한성 침공 계획도 흐지부지되고 말았다.

신돌석이 영해로 내려오자, 일본군은 예의 그의 움직임을 주시했다. 그건 신돌석도 마찬가지였다.

"대장, 곧 토벌대의 총공격이 시작될 것 같습니다."

"내 생각도 그래."

"어쩌죠?"

"지금까지도 잘 버텼는데, 뭐가 걱정인가."

"그렇기는 하지만……."

"적이 공격해 오면 우리는 치고 빠지면 되네. 무리하게 맞설 필요는 없어."

신돌석은 백암산과 검마산 사이에 자리한 깊은 골짜기로 숨어들었다. 전열을 가다듬고 적의 공격에 대비하기 위해서였다.

"의병들이 우리 군의 증원 사실을 알아채고 산 속 요새로 깊이 숨은 것 같습니다."

"산 속에 있는 요새라……. 뭘 망설이시오. 지금 당장 그곳을 기습하러 갑시다."

일본군은 영릉 의진이 독곡이라는 골짜기에 숨어 있다는 첩보를 입수하고, 군대를 이끌고 기습했다.

의병들은 일본군의 기습에 깜짝 놀랐다. 안전하다고 믿었던 요새가 적에게 노출되었다는 사실을 믿을 수 없었기 때문이다.

"다들 침착하게 내 지시를 따르라."

신돌석은 의병들이 동요하는 것을 보고 침착하라고 했다. 그런 다음, 적의 공격을 빠져나가는 방법을 알려 주었다. 적의 기습에 일방적으로 당하는 것처럼 보였던 의병들. 신돌석은 위기에 빠진 의병들이 반격에 나설 수 있도록 도왔을 뿐만 아니라, 산악 지역의 특성을 이용해 일본군의 추적을 완전히 따돌려 버렸다.

"으, 신돌석……."

일본군 토벌대는 다 잡은 의병을 놓친 것 같아 분해서 어쩔 줄을 몰랐다.

10. 번번이 실패한 일본군의 신돌석 생포 작전

 의병 때문에 골머리를 앓고 있던 일본은 한국 내에 2개 사단의 군대를 배치하고, 일본인 헌병과 한국인 헌병으로 구성된 헌병대를 조직해 통감부 밑에 두었다. 통감부는 이들 헌병들로 하여금 의병 운동을 제압하게 했다.

 1907년에서 1908년 사이, 헌병들은 두 번이나 신돌석 생포 작전을 벌였다. 하지만 신돌석을 토벌하지 못했다.

"신돌석을 잡아오란 말이다!"

"대장, 지금은 흥분하기보다는 신중해야 할 때입니다."

"신중하라니 그게 무슨 소리인가?"

"지금 토벌이 중요한 게 아닙니다."

"토벌이 중요하지 않다면 뭐가 중요하단 말인가?"

"대장, 지난번처럼 무작정 토벌하러 갔다가는 이번에도 아무 성과를 올리지 못할 게 뻔합니다. 밀정을 보내 확실한 정보를 수집한 다음에 토벌에 나서도 늦지 않을 것입니다."

"그럼, 그렇게 하면 될 게 아니오!"

일본군은 세 번째 토벌 작전에 앞서 영해 일대에 밀정을 파견했다. 영천 경찰 분서장 스즈키와 그의 부하들은 한국인처럼 위장을 하고, 신돌석 의병이 자주 출몰하는 일월산 일대에서 정보 수집에 나섰다. 영해 일대에서 탐문 수사를 벌이던 스즈키 일행은 신돌석과 영릉 의병이 일월산에서 겨울을 나고 있다는 사실을 알게 되었다.

"대장, 신돌석과 그의 잔당들이 일월산에 머물고 있는 것이 확실합니다."

"그래?"

"신돌석의 잔당을 토벌하려면 봉화와 예안에서 동시에 기습을 하면 될 것 같습니다."

"봉화와 예안에서 동시에 기습을 한다?"

"네. 일월산의 북쪽에 자리한 봉화와 일월산 남쪽에 자리한 예안에서 동시에 공격해, 의병들을 일월산 안으로 몰아붙이면……."

"독 안에 든 쥐를 잡는 것쯤은 문제도 아니지!"

영천 경찰 서장 스즈키가 봉화군과 영양군의 경계 지역인 일월산 일대를 신돌석의 근거지로 지목하자, 통감부에서는 헌병대를 파견함과 동시에 안동에 주둔하고 있던 일본군 수비대와 영주 경찰 등을 신돌석 토벌 목적으로 동원했다.

1908년 2월 15일, 제3차 신돌석 생포 작전이 시작되었다.

일본군은 신돌석 부대가 일월산 일대에서 활약하고 있는 것으로 생각하고, 의병 부대를 완전히 없애겠다는 각오로 토벌 작전에 임했다.

토벌대가 일월산에 막 도착했을 때, 신돌석이 이끄는 영릉 의병은 영양을 거쳐 영해로 빠져나가고 없었다. 일본군이 압박을 가하기 전에 이미 일월산을 벗어났던 것이다.

일본군은 그것도 모르고 대규모 토벌대를 일월산으로 집결시켰다. 그들은 일월산 일대를 맴돌며 의병의 흔적을 찾았다.

2월 21일 새벽에 영양군 북초면 장파 일대를 지나던 신돌석 의진의 별동 부대는 일본군 토벌대와 우연히 맞닥뜨리게 되었다.

"의병이다! 역시 이곳이 의병의 근거지였어."

토벌대는 신돌석을 사로잡고 그의 잔당을 토벌하고 말겠다는 굳은 의지로 전투에 임했다. 그렇게 전투가 막 시작되려고 할 때였다.

"아니, 날씨가 왜 이래?"

"갑자기 눈이 내릴 게 뭐람."

전투가 시작되자 기다렸다는 듯 하늘에서 눈을 뿌리기 시작했다. 산 속을 뛰어다니며 유격 작전을 전개해 왔던 의병들에게는 대수롭지 않은 일이었지만, 일본군에게 눈은 위협적인 존재였다.

의병들은 토벌대가 주춤하는 틈을 이용해 유유히 산 속으로 사라졌다. 토벌대는 눈앞에서 벗어나는 의병을 보고도 섣불리 추격하지 못했다. 날씨도 험하고 지형에도 익숙하지 않았기 때문이다.

일본군 토벌대는 의병을 눈앞에서 놓치고 말았다. 통감부는 토벌대가 이번에도 별 다른 성과를 거두지 못하고 돌아오자 해체를 명했다.

"대장, 신돌석 생포 작전을 이대로 접을 생각이십니까?"

"어쩌겠소. 세 번이나 시도했지만 아무 성과가 없지 않소."

"대장, 생포만이 다가 아닙니다."

"그게 무슨 소리요?"

"생포할 수 없다면 회유하면 되지 않겠습니까?"

"그 방법도 괜찮을 것 같군."

신돌석 생포 작전이 번번이 실패로 끝나자, 일본군은 방법을 바꿔 보기로 했다. 생포할 수 없다면 회유라도 해 볼 작정이었던 것이다.

"대장, 신돌석의 가족을 협박하면 신돌석이 무릎을 꿇을까요?"

"협박보다는 부귀 영화를 보장하는 것이 어떻겠소?"

"아, 그것도 괜찮은 생각입니다."

"어느 쪽이든 전면전보다는 나을 테지."

"이번에는 반드시 성공할 겁니다. 두고 보십시오."

회유 작전을 쓰기로 한 일본군은 신돌석의 가족을 수소문하기 시작했고, 신돌석의 아내 한재여가 진보에 있다는 사실을 알아냈다. 신돌석의 부인 한재여는 세 살 난 아들과 함께 신돌석의 둘째누나가 살고 있던 진보군 동면 화매동에 머무르고 있었다.

일본군은 한씨 부인에게 접근하기 위해 한국인처럼 변장을 하고 화매동으로 찾아갔다.

"당신이 한재여요?"

"누구세요?"

"모시러 왔으니 우리와 함께 갑시다."

"아니, 왜들 이러는 거요?"

"함께 갈 데가 있다고 하지 않았소. 조용히 따라오시오."

일본군은 한씨 부인을 안동으로 데리고 갔다. 그들은 안동에서 제일 좋은 여관에 한씨 부인을 모셔 놓고 극진한 대우를 했다.

한씨 부인은 그곳에서 안동 지방 관리들을 만났다. 일본인 관리들도 있었다.

"먼 길 오시느라 정말 수고가 많으셨습니다."

"나를 이곳으로 데리고 온 이유가 뭡니까?"

"다른 이유가 있겠습니까. 그냥 신 장군의 가족들을 뵙고 싶었을 뿐입니다."

관리들은 한씨 부인에게 먼 길을 오게 해서 미안하다면서, 아무 뜻 없으니 푹 쉬고 가라고 했다. 한씨 부인은 가시방석에 앉은 것처럼 마음이 영 불편했다. 고생하는 남편의 얼굴이 떠올랐기 때문이다.

며칠 뒤, 관리들이 한씨 부인을 다시 찾아왔다. 그들은 편히 쉬었냐고 묻더니 돌아가고 싶으면 돌아가도 좋다고 했다.

한씨 부인은 서둘러 돌아갈 채비를 했다. 그러자 관리 한 사람이 겉봉을 봉한 큰 편지 한 통을 한씨 부인에게 내밀었다.

"이게 무엇입니까?"

"편지입니다. 신 장군께 전해 주십시오."

"무슨 편지인지 몰라도 받을 수 없습니다."

"모두에게 득이 되는 내용이 담긴 편지이니, 장군께 꼭 전해 주십시오."

봉투 안에는 일본 천황과 통감 등이 연명한 회유서가 들어 있었다.

신 장군, 그대가 부귀를 탐해서 의병을 일으켰다면 즉시 한 도를 떼 내어 그대에게 주겠노라. 만일, 그대가 이 세상에 큰 이름을 떨치고자 한다면 우리는 대원수의 직책을 내어줄 용의도 있다.
신 장군, 어째서 쇠퇴한 조선을 위해 신명을 돌아보지 않는가? 쇠퇴한 조선에 미련을 갖지 말고, 우리 일본과 함께 손을 잡는 것이 옳을 것이다.

일본 관리들은 한씨 부인의 환심을 사려고 한 달 가량을 후하게 대접한 다음, 회유하는 서신을 안겨 돌려보냈다.
"저 부인이 누군지 아나?"
"글쎄, 내가 보기에는 그냥 평범한 아낙 같은데."
"저 부인이 바로 신돌석 안사람이래."
"그게 정말이야?"
"그렇다니까. 지금 집으로 돌아가는 길이래."
"이제 두 다리 쭉 뻗고 잘 수 있겠네."
일본군은 신돌석의 아내 한재여에게 회유책을 쓰면서, 신돌석과 그의 부하들이 한씨 부인을 구하러 안동으로 쳐들어올지도 모른다는 생각에 비상 경계 태세를 유지하고 있던 터였다.

한씨 부인이 안동을 떠나자, 비상 경계로 인해 하루도 맘 편히 잠을 청하지 못했던 일본군은 이제야 편히 쉴 수 있게 되었다며 기뻐했다.

한씨 부인은 아들을 등에 업고, 안동에서 영양까지 걷고 또 걸었다. 관리들이 전해 달라고 한 편지를 남편에게 전하기 위해서였다.

"아니, 당신……. 여기서 뭘 하고 있소?"

한씨 부인은 일월산 남쪽 기슭에서 우연히 남편인 신돌석을 만났다. 그녀는 반가워 어쩔 줄을 몰랐다.

"진보에 있어야 할 사람이 여기서 뭘 하고 있소?"

"당신을 찾아가는 길이었어요."

"집에 무슨 일 있소?"

"그게 아니라……."

한씨 부인은 안동에서 겪은 일을 자세히 털어놓았고, 품속에 넣어 두었던 편지를 꺼내 남편에게 내밀었다.

"당신, 지금 제 정신이오?"

신돌석은 불같이 화를 냈다.

"죽지 왜 살아 돌아왔소? 게다가 왜놈의 편지까지 가져오다니……."

신돌석은 부인을 위로하기는커녕 일본군의 편지를 가져왔다고 버럭 소리를 질렀다.

신돌석은 일본이 자신을 사로잡으려다 실패하자, 아내를 통해 회유하려는 것을 눈치챘다. 그래서 편지를 펴 보지도 않은 채 불 속에 던

져 넣었다.

'내 가족들이 내가 하는 일에 걸림돌이 되지 않도록 해야겠어.'

신돌석은 이 일을 계기로, 부모와 처자식이 자신이 하는 일에 걸림돌이 되지 않게 해야겠다고 생각했다. 그래서 그 길로 국동 골짜기 깊숙한 곳에 부모님을 모시고, 아내와 아들은 미곡의 나루터지기 집에 맡겼다.

일본군의 생포 작전도, 회유 작전도 신돌석에게는 통하지 않았다.

11. 의병 해산과 신돌석의 죽음

봄이 가까워오자, 신돌석은 의병 활동을 재개할 생각으로 영해 일대를 돌아다니며 병사를 모으고 군자금을 확보했다.

신돌석의 영릉 의진은 희암곡이라는 깊은 골짜기에서 전열을 가다듬고 있었다. 다가올 전투를 대비하기 위해서였다.

"여러분, 나는 왜놈들에게 빼앗긴 내 조국을 되찾을 수만 있다면 이 한 목숨 기꺼이 내어놓을 각오가 되어 있소. 여러분도 나와 같은 생각으로 전투에 임하기 바랍니다."

1908년 4월, 신돌석의 영릉 의진은 마침내 활동을 재개했다. 신돌석은 병사들에게 죽을힘을 다해 싸우자고 했다. 신돌석이 이끄는 영릉 의진은 태백산맥을 오르내리며 평해 · 진보 · 영해 등지에서 일본군과 맞서 싸웠다.

신돌석이 활동을 시작했다는 소식을 듣고, 이이봉과 김명규 그리고 초기에 함께 의병 활동을 했던 신낙선 등이 의진에 합류했다.

신돌석은 새로운 식구들을 반갑게 맞아들였다. 그리고 모두 한마음 한뜻이 되어 어려운 시기를 극복하자고 격려했다.

"일본군의 전초 기지가 있는 울진을 공격하러 가려고 합니다. 언제 일본군과 맞부딪치게 될지 모르니 마음의 준비를 단단히 해 두기 바랍니다."

영해 일대에서 활약하던 신돌석은 울진으로 활동 무대를 넓힐 생각이었다. 그래서 다음 공격 목표를 울진에 있는 일본군 시설로 잡았다.

울진 공략에 나선 영릉 의진 별동 부대는 추리산 자락에서 뜻하지 않게 일본 경찰 변장대와 맞닥뜨리게 되었다.

생포 작전과 회유 작전이 모두 다 실패로 돌아가자, 일본군은 변장대를 곳곳에 파견했다. 일본 경찰을 한국인처럼 변장시켜 의병을 체포할 목적이었던 것이다.

내구에서 파견한 변장대와 맞닥뜨리게 된 신돌석의 부하들은 그들이 일본 경찰이라는 것을 전혀 눈치채지 못했다. 변장대는 시치미를 뚝 떼고 있다가 의병을 기습 공격했다. 난데없는 기습에 10여 명의 의병이 목숨을 잃었다.

의병들은 가만히 당하고만 있을 수 없었다. 그래서 곧바로 반격에 들어갔다. 그들은 유격전을 펼쳐 일본군을 따돌리는 데 성공했지만, 막대한 피해를 입고 말았다.

일본 경찰은 자신들이 신돌석 휘하의 수많은 의병들을 사살하고, 그 과정에서 신돌석에게까지 치명상을 입혔다고 거짓 발표를 했다.

"신돌석 장군이 정말 많이 다쳤을까?"

"치명상을 입었다고 하잖아."

"제발 아무 일 없어야 할 텐데."

"그러게나 말이야."

일본 경찰의 거짓 발표는 민중들의 사기를 뚝 떨어뜨렸다. 그들은 신돌석만이 자신들의 희망이라고 믿고 있었는데, 그가 다쳤다고 하니 막막할 뿐이었다.

한편, 신돌석의 영릉 의진은 울진에서 평해로 돌아와 있었다. 신돌석은 연일 계속되는 일본군의 추격을 따돌리느라 정신이 없었다.

8월로 접어들자, 의병 활동은 더욱더 제약을 받게 되었다. 일본이 '남만 대토벌 작전'이라는 의병 토벌 작전에 나섰기 때문이다.

일본군 수비대의 수비 병력이 늘면서 의병을 감시하는 이들이 많아지자, 의병 활동은 점점 더 위축되었다.

1907년 말부터 시행된 귀순법(귀순자에게는 귀순자임을 증명하는 증표와 함께 죄를 면제시키는 면죄부를 준다는 법)도 의병 활동을 위축시키는 또 하나의 요인이었다. 귀순하면 모든 죄를 용서받고 예전의 생활로 되돌아갈 수 있다는 생각에 많은 수의 의병이 진을 이탈하기 시작했다.

헌병 보조원 제도(한국인 경찰과 한국인 불량배를 일본 헌병의 보조원으로 두어 의병 활동을 방해한 제도)도 의병 활동에 큰 타격을 미쳤다.

조여드는 일본군의 공격과 줄어드는 병력, 게다가 보급 물자마저 끊어지자, 의병 활동은 예전 같지 않았다.

신돌석의 영릉 의진에서 활동하던 의병 가운데도 대다수가 귀순을 했다. 귀순자들은 신돌석 의진의 활동 무대와 주변 인물 등 일본군이 원하는 정보를 다 알려 주었다.

신돌석은 영양 일대의 산중에 근거지를 마련하고, 평해·영해·영양 일대에서 활동을 하고 있었는데, 정보가 새어나가는 바람에 활동에 많은 타격을 입었다.

"이재석이 투항했대."

"이오촌과 이화진도 투항했대."

"투항한 간부들이 입만 열어 봐. 그 불똥은 고스란히 우리에게 튄다니까."

"우리도 이참에 투항하자고."

"맞아. 괜히 여기 있다가 무슨 일을 당할지 몰라."

신돌석은 의병들이 술렁이는 소리를 들었다. 안 그래도 의병 활동을 지속하기 어려운 상황인데, 의병들까지 동요하기 시작하자, 그는 더 이상 의진을 유지하는 것은 무리라고 판단하고 진을 해산하기로 마음먹었다.

"여러분, 그 동안 나를 믿고 따라 주어서 고맙소. 내가 의병을 일으킨 건 일제에게 빼앗긴 강토를 되찾고, 착취당하는 백성들을 해방시켜 주고 싶었기 때문이오. 그런데 아무래도 내 힘만으로는 무리였나 봅니다. 그 동안 부족한 나를 믿고 따라 준 여러분께 다시 한 번 감사의 인사를 전합니다. 생사를 같이 한 여러분과 헤어져야 한다고 생각하니……."

신돌석은 목이 메이는지 말을 잇지 못했다.

"대장, 지금 그 말은……."

"그렇소. 오늘 부로 의진을 해산하려고 합니다."

"대장……."

"그 동안 고생 많았소. 이제 각자 하고 싶은 일을 하며 사시오."

10월로 접어들자, 신돌석은 더 이상 의병 활동을 계속할 수 없다고 판단했다. 의병 해산을 명령한 것도 그 즈음이었다.

"대장, 앞으로 어떻게 하실 생각이십니까?"

"왜놈들이 내 머리에 현상금을 내걸고, 돈에 눈이 어두운 자들이 호시탐탐 내 목숨을 노리고 있는데, 이곳에서 내가 뭘 할 수 있겠소."

신돌석은 쓸쓸한 얼굴로 이렇게 말했다.

"왜놈들의 손에 잡혀 죽느니, 차라리 랴오둥 땅으로 건너가 재기의 기회를 노리는 것이 현명하다고 생각됩니다. 랴오둥 지방에는 여러 나라 사람들이 모여 산다고 하니, 그들에게 대한제국의 비참한 실정을 알리고 도움을 청하는 것도 괜찮을 듯싶소."

신돌석은 유인석과 홍범도처럼 랴오둥 반도로 들어갈 생각이었다. 국내에서 활동할 수 없다면 해외에 나가서라도 끝까지 싸우고 싶은 것이 그의 바람이었기 때문이다.

신돌석은 의진을 해산한 다음, 가족들과 함께 영해 인근 산중으로 피신했다. 일본군의 눈을 피하기 위해 산중 생활을 택한 것이다.

신돌석은 그곳에서 랴오둥으로 건너가기 위한 마지막 준비 작업에 몰두하고 있었다. 이동에 필요한 자금을 모으는 일이었다.

일본군과 경찰은 신돌석이 의진을 해산한 뒤에도 고향 마을을 중심으로 움직이고 있다는 사실을 파악하고, 그를 잡기 위해 혈안이 되어 있었다. 그들은 신돌석 체포조를 만들어 이 일대에 대한 탐문 수사를 더욱 강화했다.

"이 밤중에 어디를 가시려고요?"

신돌석이 외출하려 하자 그의 아내가 걱정스러운 듯 물었다.

"세상이 어떻게 돌아가고 있는지 보고 와야겠소."

신돌석은 겨울이 다 가기 전에 이동에 필요한 자금을 마련해야 한다고 생각했다. 함께 랴오둥으로 갈 동료들도 규합해야 했다.

그는 어둠을 틈타 마을로 내려갔다. 그가 영덕군 북면 눌곡(지품면 눌곡) 마을을 지날 때였다.

"형님, 오랜만이오?"

"어, 상렬이! 그래, 그 동안 잘 지냈나?"

"나야 잘 지내고 있지요."

눌곡에 도착한 신돌석은 그곳에서 우연히 육촌 동생이자 자신의 휘하에 있었던 김상렬을 만났다.

"형님, 날이 이렇게 추운데 어딜 가시려고요?"

"볼일이 좀 있어서……."

"형님, 여기서 이럴 게 아니라 우리 집으로 가십시다."

신돌석은 오랜만에 만난 김상렬의 제안을 뿌리칠 수 없었다. 그래서 반가운 마음에 아무 의심 없이 그를 따라갔다.

"아니, 이게 누구십니까?"

"형님이 여기는 어쩐 일이십니까?"

김상렬의 집에 도착하니, 상렬의 동생인 상호와 상태가 반갑게 달려나왔다. 이들은 신돌석 밑에서 용맹을 떨치던 삼형제였다.

김상렬은 술상을 내왔다. 신돌석은 김상렬 형제와 주거니 받거니 하면서 쌓인 회포를 풀었다. 그러나 갑작스레 많은 술을 마신 신돌석은 금방 취하고 말았다. 얼었던 몸이 녹으면서 잠까지 밀려왔다.

술에 취한 신돌석을 보자, 김상렬은 그만 욕심이 생겼다. 신돌석을 사로잡으면 1천 근의 금과 1만 호의 고을을 준다고 한 일본군의 말이 생각났기 때문이다.

김상렬은 반쯤 술에 취해 있는 신돌석에게 잠 오는 약을 타 아주 취하게 만들었다. 그러자 신돌석은 쿵, 하고 쓰러져 잠이 들었다.

김상렬은 동생들에게 신돌석의 목에 걸린 현상금을 나눠 갖자고 했다. 두 동생도 기꺼이 그러겠다고 했다.

김상렬은 동생 상태에게 화장실 가는 척하고 밖으로 나가 무기가 될 만한 것을 들고 오라고 했다. 그러자 김상태는 도끼, 떡메, 쇠스랑 등을 한아름 안고 들어왔다.

"형님, 우리를 용서하시오."

김상렬 형제는 각각 도끼와 떡메 그리고 쇠스랑으로 신돌석을 내리

쳤다.

"으윽!"

신돌석은 신음 소리를 냈다.

김상렬 형제는 있는 힘을 다해 신돌석을 내리쳤다. 그러자 신음 소리가 뚝 그쳤다.

"죽었나 봐."

김상렬 형제는 피투성이가 되어 쓰러져 있는 신돌석을 내려다보며 잠시 주춤거렸다. 그러자 죽은 듯 엎드려 있던 신돌석이 문을 박차고 밖으로 뛰쳐나갔다.

"잡아라!"

김상렬 형제는 죽을힘을 다해 신돌석의 뒤를 쫓았다.

신돌석은 쓰러질 듯 쓰러질 듯 하면서도 용케 앞으로 달려나갔다. 그는 마을 앞 개울을 건너려다 얼음을 밟고 미끄러지고 말았다.

김상렬 형제는 개울 위에 엎어져 있는 신돌석을 인정사정 없이 내리쳤다.

태백산 호랑이 신돌석은 그 길로 세상을 떴다. 31세의 젊은 나이로 위대한 생을 마감하게 된 것이다.

김상렬 형제는 날이 밝기를 기다렸다가, 신돌석의 시신을 들쳐 메고 영덕에 있는 헌병대로 갔다.

"신돌석을 데리고 왔소."

"지금 뭐라고 했나?"

"신돌석을 데려왔단 말이오."
"어디?"
"이 자가 바로 당신들이 찾고 있는 신돌석이오."
일본 헌병 대장 오자와는 신돌석의 시신을 보고 얼굴을 찡그렸다.
"이 자가 신돌석이란 말이지?"
"그렇소. 그러니 약속한 상금이나 주시오."
"상금이라니?"
"신돌석을 잡아오면 상금을 준다고 하지 않았소?"
"신돌석을 사로잡아 오는 자에게 상금을 준다고 한 기억은 있어도 죽은 신돌석을 데려오는 자에게 상금을 준다고 한 기억은 없는데……."
오자와 대위는 신돌석에게 현상금을 걸었지, 사체에 현상금을 걸지는 않았다며 시치미를 뗐다.
"약속이 틀리지 않소?"
김상렬 형제가 따지고 들자, 오자와 대위는 이렇게 말했다.
"신돌석은 한국의 충신이요, 나는 일본의 충신이다. 각기 제 나라를 위하는 충심은 마찬가지란 말이다. 돈에 눈이 어두워 살인을 저지른 주제에 감히 어디서 대들어."
오자와 대위는 김상렬 형제의 행동을 비난했다.
"어서, 약속한 돈이나 주시오."
"자꾸 이러면 곤란하지. 자네들이 신돌석을 죽인 것을 다른 사람들

이 알면 가만히 있지 않을 텐데……."

오자와 대위는 은근히 협박을 했다.

김상렬 형제는 뒤늦게 자신들의 행동을 후회했다. 그들은 얼굴을 붉히며 자리를 떴다. 신돌석을 죽인 장본인이라는 것이 알려질까 봐 두려웠던 것이다.

"이 자가 신돌석이란 말이지."

오자와 대위는 신돌석 의진에서 활동했던 의병들을 불러 시신의 진위를 확인했다. 그런 다음, 시신을 잘 수습했다.

"신돌석 장군이 세상을 뜨셨대."

"뭐라고?"

"눌곡의 김상렬 형제가 현상금에 눈이 멀어서 장군을 살해했대."

"짐승만도 못한 놈들."

"아이고, 장군! 우리가 이렇게 구차하게 살면서도 희망을 가지고 있었던 것은 장군이 왜놈을 몰아내고 우리를 구해 줄 줄 믿었기 때문인데, 이제는 다 틀렸네. 다 틀려 버렸어."

영해 일대의 모든 백성들은 이렇게 땅을 치며 통곡했다.

신돌석의 시신은 곧 가족들에게 인계되었고, 가족들은 그가 태어난 마을 뒷산에 그를 묻었다. 1908년 11월 18일, 평민출신 의병장 신돌석은 어리석은 동족의 손에 의해 아타까운 삶을 마치게 되었다.

12. 유인석의 귀국과 강학 활동

유인석이 퉁화 현 팔왕동 일대에 근거지를 두고 적응해 가고 있을 무렵, 청나라에서는 의화단의 난이 일어났다.

산둥 성 부근에는 청나라 중기부터 백련교의 한 분파인 의화단이라는 비밀 결사대가 있었다. 의화단 단원들은 고유한 무술을 익히며, 칼이나 총에 맞아도 상처를 입지 않는다는 주문을 외우는 등 종교 활동에 열심이었다. 청일 전쟁 후, 열강의 침략이 가속화되자, 의화단 단원들은 반 외세 운동을 전개했다. 청나라를 구하고 서양 오랑캐를 물리치자는 운동이었다.

의화단 단원들은 청나라에 거주하는 외국인과 서양 문화를 대표하는 건물인 교회 등을 습격했다. 그들은 구미 열강은 물론이고, 한국인에 대해서도 노골적인 적대감을 드러냈다.

"선생님, 아무래도 랴오둥 땅을 떠나야 할 것 같습니다."

"랴오둥 땅을 떠나라니……. 이제 겨우 적응을 했는데, 또 어디로 가란 말이냐?"

"선생님, 지체할 시간이 없습니다. 곧 의화단 단원들이 들이닥친다는 정보예요."

"도대체 날더러 어디로 가란 말이냐?"

"선생님, 저희와 함께 압록강을 건넙시다."

"나더러 압록강을 건너란 말이냐?"

"네. 일단 몸부터 피하고 보셔야죠."

유인석은 깊은 한숨을 내쉬었다. 두 번째 망명 길에 오르면서 이번에는 기필코 의병 봉기를 이루어 적을 토벌하고, 그러기 전에는 고국 땅을 다시 밟지 않겠다고 했던 맹세가 떠올랐기 때문이다.

유인석은 제자들의 설득에 못 이겨 귀국 길에 올랐다. 1900년 8월 26일의 일이다. 의화단의 난을 피해 압록강을 건넌 유인석은 평북 강

계 일대에 머물기로 했다. 그가 양서 지역을 활동 무대로 삼은 것은 이 지역에 화서 학파의 일원인 박문일·박문오 형제가 일찍부터 강학을 통해 많은 제자를 양성해 놓았기 때문이다.

유인석은 양서 지역에 특별한 의미를 부여하고 있었다. 그는 양서 지역이 단군에 의해 처음으로 소중화의 기틀이 마련된 곳이고, 기자에 의해 소중화가 열리게 된 곳으로 생각하고 있었다. 그는 이곳에서 화서 학파의 도맥을 이어가며 지낼 생각이었다.

양서 지역 주민들은 유인석 일행을 경계했다. 그가 죄를 짓고 숨어 들어왔다는 소문이 퍼져, 접촉을 꺼렸던 것이다.

"유인석이 위화단과 공모해 변경 지방을 공격하려고 했었대."

"그게 정말이야?"

"그렇다니까."

유인석이 위화단과 함께 변경 지대를 공격하려고 했었다는 소문이 퍼졌고, 조정에서는 경무관 문봉오를 보내 사건의 진상을 확인하도록 지시했다. 체포 위기에 직면한 유인석은 자신의 거취를 해명하는 상소를 올렸다.

'조국을 되찾기 위해 애써 온 내가 조국에 해를 입히는 인물로 낙인이 찍히다니……'

유인석은 마음이 착잡해졌다. 게다가 그가 망명 생활을 하는 동안, 뜻을 함께 했던 동료들마저 개화 노선을 지지하게 된 것을 보고, 더더욱 그런 생각에 사로잡히게 되었다.

'이럴 때일수록 마음을 다잡아야 해.'

유인석은 강한 위기 의식을 느끼게 되었다. 더 이상은 국내에서도 국외에서도 의병 활동을 전개할 수 없을 것 같아 보였기 때문이다.

유인석은 복잡한 마음을 정리하기 위해, 〈화서집〉과 〈성재집〉 등을 간행했다. 그는 난세에 대처하기 위해서는 무엇보다 먼저 사상적 기초를 단단히 다져야겠다고 생각했기 때문이다.

유인석은 문집 간행과 더불어 강학 활동에도 열심이었다. 그는 영서 지역뿐만 아니라 서북 지역과 중부 지역으로 활동 무대를 넓혀 향음례와 강례를 베풀었다.

"선생님, 드디어 돌아오셨군요."

"선생님께서 저희들 곁으로 돌아오시니 안흑 속에서 한 줄기 빛을

보는 것 같습니다."

양서 지역과 서북 지역을 전전하던 유인석이 제천의 장담에 들르자, 그의 문인들은 반갑게 그를 맞았다. 장담으로 돌아온 유인석은 대규모 강습회와 향음례를 열었다. 그는 그 자리에서 자신의 신념을 펼쳐 보이며 의병의 정당성을 다시 한 번 강조했다. 그리고 유중교가 강학하던 장담에 그를 기리기 위한 영당을 짓게 했다.

"선생님, 큰일났습니다."

"아니, 무슨 일인데 그렇게 숨이 넘어가느냐?"

"선생님, 임금께서……."

"임금께 무슨 일이 있단 말이냐?"

"임금께서 하야하셨다고 합니다."

"그게 정말이냐?"

유인석이 자양 유중교의 영당 짓는 일에 몰두하고 있을 1907년, 고종이 강제 퇴위당하는 일이 일어났다. 고종의 퇴위 소식에 유인석은 더 이상 국내에서 머무를 수 없다고 생각했다. 그는 뜻을 같이 하는 동지와 사우들에게 이런 편지를 보냈다.

국내에서의 활동은 더 이상 아무 의미가 없습니다. 이제는 국외로 나아가 새로운 근거지를 마련하고 그곳에서 충성스러운 호걸과 선비를 맞아들여 기회를 기다려야 할 것입니다. 국가의 존망과 화맥의 존망이 이 한순간에 달려 있으니 큰일이 아닐 수 없습니다.

유인석은 이 참담한 상황에 자신들이 할 수 있는 일은 국외로 망명해 일정한 근거지를 확보한 다음 국내의 동지들을 맞아들여 재기하는 수밖에 없다고 했다.

고종의 강제 퇴위와 군대 해산을 계기로 전국 각지에서 의병이 일어났다. 유인석은 병이 나서 의병 활동에 직접 참여할 수 없었다. 대신 의병 봉기를 지지하는 강학에 열중했다.

"선생님, 원용팔이 의병을 일으킬 준비를 하고 있다고 합니다."

"중군장을 지냈던 그 원용팔 말이냐?"

"네. 여기 그가 보낸 서찰이 있습니다."

서북 지역을 순회하며 강학에 열심이던 유인석은 유중교의 문인인 원용팔의 편지를 받았다. 원용팔은 을미년에는 망국으로 이어질 단발령에 저항하기 위해 의병을 일으켰지만, 이번에는 그때와 달리 구체화되어 가는 일제의 국권 침탈로부터 나라를 구하기 위해 의병을 일으킨다고 봉기 의사를 밝혔다.

원용팔은 아무 것도 하지 않는 것보다는 의를 지키고 망하는 것이 낫다고 하면서, 유인석에게 재능 있는 사우들을 보내 달라고 도움을 청했다.

"의병 봉기는 시기상조야. 하지만 그가 봉기하겠다면 어쩔 수 없는 노릇이지."

유인석은 원용팔이 의병을 일으키는 것을 지지하면서도, 그렇게 되면 같은 민족끼리 싸워야 한다면서, 관군과 맞서 싸워야 하는 현실을 안타까워했다. 유인석은 원용팔에게 기우만이 호남 지방에서 먼저 봉기했으니, 그와 연락을 취해 보라고 충고했다.

"우리가 힘을 합한다면, 적을 완전히 소탕하지는 못한다고 해도 적에게 어느 정도 타격을 줄 수 있을 것이오."

"그렇게 된다면 이 나라의 명맥이 영영 끊어지는 것을 조금이라도 늦출 수 있으니 얼마나 다행한 일이오."

원용팔은 유인석의 충고를 받아들여 기우만과 만났고, 두 사람은 뜻을 같이 하기로 했다.

원용팔과 기우만 연합 의진은 일진회 회원을 처단하고, 일제의 침략 도구인 통신선을 끊고, 일본인을 공격하는 등 맹활약을 펼쳤다.

한편, 유인석은 서북 지역 순회를 끝으로 고향인 가정리로 돌아왔다. 그는 그곳에서 이강년의 편지를 받았다.

문경 출신 의병장 이강년은 무과에 급제해 벼슬 길에 나갔지만 개화 정책에 불만을 느끼고 낙향해 있었다. 그는 나라가 위기에 빠질 때마다 의병을 일으켰으며, 제천 의진에서 유격장으로 활약했었다.

고종의 강제 퇴위와 군대 해산을 가만히 보고 있을 수 없었던 이강년은 의병을 일으킬 생각으로 유인석에게 도움을 청했다.

"신중하게 움직이게. 임금과 대신들이 모두 함께 하지 않는 한 의병 봉기는 현실적으로 무척 어렵기 때문이네. 우선은 힘을 길러야 할 것일세. 우리 스스로 자립할 수 있는 힘을 기른 다음 왜놈들과 맞서 싸워야 승산이 있단 말일세."

유인석은 국내외 사정을 고려해 볼 때 지금은 신중할 때라고 충고했다. 이강년은 이미 봉기하기로 마음을 먹었기 때문에 결심을 실천으로 옮겼다. 이강년은 곧 제천에서 봉기했고, 윤기영·민긍호·박여성 등이 그와 연합하기 위해 군대를 이끌고 제천으로 모여들었다. 이들이 만든 연합 의진은 제천 일대에서 이름을 떨쳤다.

제천 전투의 승리로 인해 자신감을 얻은 이강년은 기세를 몰아 충주성 공략에 나섰다. 하지만 전력의 열세로 패배하고 말았다.

이강년은 이 일로 일정한 지역을 오래 장악하는 것은 힘든 일이라고 판단하고, 유격전을 통해 적을 공격하리라 다짐하게 되었다.

유인석은 의병을 직접 일으키지는 않았지만, 원용팔과 이강년 등 수많은 외병장들에게 직접, 간접적으로 많은 영향을 끼쳤다.

"선생님, 갑자기 왜 그러십니까?"

"다, 다리가 움직이지 않아."

"다리가요?"

"며칠 전부터 다리가 아프고 붓기 시작하더니, 오늘은 전혀 움직일 수가 없어."

고국으로 돌아온 뒤, 하루도 편안히 쉬지 못했던 유인석. 그는 다리에 결석이 생기는 다리 결석종에 걸리고 말았다. 다리에 생긴 종기가 점점 커지면서 붓더니, 다리 근육을 제대로 움직일 수 없을 만큼 심각한 지경에 이르게 된 것이다. 유인석은 다리 결석종 때문에 거동조차 제대로 못 했는데, 그래도 강학을 소홀히 하지 않았다. 그는 그것만이 자신이 할 수 있는 최선이라고 믿고 있었다.

을사 보호 조약 체결과 고종의 강제 퇴위, 그리고 군대 해산 등 국내 사정이 갈수록 악화되자, 유인석은 또다시 망명을 생각하게 되었다.

유인석은 랴오둥으로 건너가 재기할 생각으로 북상을 결심했다. 하지만 도중에 병이 악화되어 되돌아올 수밖에 없었다.

"선생님, 이제 어쩌죠?"

"랴오둥으로 가는 일은 아무래도 힘들 것 같고, 다른 방법을 연구해 보세."

"선생님, 요즘 랴오둥 사정이 좋지 않다고 하던데, 이번 기회에 연해주 쪽으로 눈을 돌려 보면 어떨까요?"

"연해주라……. 청은 약하고 러시아는 강하니 장차 일을 도모한다면 청나라보다는 러시아가 나을지도 모르겠군."

"그럼, 연해주 쪽 사정을 알아볼까요?"

"그렇게 하게."

유인석은 측근을 러시아 연해주로 파견해 그곳 실정을 자세히 알아오게 했다. 그는 무력 항쟁을 계속할 수 있는 곳이라면 러시아가 아닌 그 어디라도 갈 생각이었다.

13. 국내외 항일 의병 통합에 앞장서다

　1908년 7월, 유인석은 67세라는 고령에도 불구하고 또다시 망명길에 올랐다. 새로운 길을 모색하기 위해서였다.

　　병든 한 몸 작기만 한데
　　휘달리는 범선 만리도 가볍구나
　　국망은 이제 어디에 있는가
　　천심이 이 길에 달려 있구나
　　풍운은 시시로 변하는데
　　일월만이 홀로 밝도다
　　주위의 한가로운 소리에
　　나의 심정은 아득해진다.

　부산에서 배를 타고 연해주의 블라디보스토크로 가면서 유인석은 자신의 답답한 심경을 이렇게 털어놓았다.
　"선생님, 먼 길 오시느라 고생하셨습니다."

"이렇게 반갑게들 맞아주니 고맙습니다."

블라디보스토크에 도착한 유인석은 김학만·차석보·양성춘 등 그곳 한인 사회를 주도해 오던 인사들로부터 환대를 받았다.

유인석은 자신들을 따뜻하게 맞이하는 동포들을 보며, 이번에야말로 재기 항일전을 펼치리라 마음먹었다.

하지만 현실은 그렇지 못했다. 유인석을 반갑게 맞았던 블라디보스토크의 한인들은 유인석으로 인해 자신들의 활동에 타격을 입을까 봐, 유인석을 경계하기 시작한 것이다.

"선생님, 이곳 한인들이 우리를 경계하는 것 같습니다."

"저들이 먼저 뿌리를 내렸으니, 그럴 수도 있지."

"선생님, 활동하시기에 불편하지 않으세요?"

"여러 가지 제약이 따르는데 불편하지 않다면 이상한 일이지."

"선생님, 그렇다면 새로운 근거지를 찾아볼까요?"

"아무래도 그러는 것이 좋겠네."

"생각해 두신 곳이라도 있으세요?"

"연추라는 곳에 대해 좀 알아보게."

노브키에프스크(연추)는 청나라와 러시아의 접경 지대에 자리하고 있는 작은 도시로, 연해주 의병의 근거지였다.

유인석은 항일 의병의 기세가 왕성한 노브키에프스크로 근거지를 옮겨 볼까 생각 중이었다. 그곳에는 연해주 한인 사회의 중심 인물인 최재형이 있었고, 이범윤이 일으킨 의병도 있었기 때문이다. 이범윤

은 전직 랴오둥 이주 한인들을 보호하던 관리였는데, 러일 전쟁 직후 노브키에프스크로 건너가 의병을 일으켰다.

노브키에프스크에서는 이들말고도 안중근·이위종·홍범도 등 국내에서 의병 항쟁을 주도하다가 북상한 의병들도 있었다.

유인석은 노브키에프스크에 대한 보고를 받으며, 그곳이야말로 자신이 있을 곳이라고 생각했다.

"우리 노브키에프스크로 가서 연해주 의병들과 공동 항일 전선을 구축하세. 이제 개별적인 항거는 의미가 없어. 조직적으로 뭉치지 않으면 소용이 없다고……."

유인석은 측근들과 함께 노브키에프스크로 향했다.

그 즈음, 노브키에프스크에 근거지를 둔 연해주 의병은 대규모 국내 진공 작전을 펼치고 있었다. 1908년 7월의 일이었다. 연해주 의병은 노브키에프스크를 출발해, 두만강을 건너 회령으로 진출했다. 그들은 그곳에서 국내 의병과 연합해 일본군을 무찌르려고 했으나, 오랜 행군과 계속되는 전투로 전력의 손실을 입어 결국 패하고 말았다.

국내 진공 작전이 실패로 돌아가자, 연해주 의병 내부에서는 분열이 일어나게 되었다. 최재형은 좀더 형세를 지켜보자고 했고, 이범윤은 대일 항전 준비에 전력을 기울여야 한다고 하며 충돌한 것이다.

유인석이 노브키에프스크에 도착했을 때, 연해주 의병은 국내 진공 작전의 실패와 지휘부의 갈등으로 큰 위기를 맞고 있었다.

'어떻게 해서든지 분산된 의병 세력을 하나로 통합해야 해.'

유인석은 연해주 이주 한인 사회 내에서 조직된 의병과 국내에서 의병 활동을 하다가 북상 망명한 의병들을 하나로 통합해야겠다고 생각했다. 이상설과 이범윤 등도 유인석과 같은 생각이었다.

"선생님, 앞으로 어떻게 하는 것이 좋겠습니까?"

"내가 볼 때 개별적으로 항거하는 일은 매우 어리석은 일이네. 국권을 회복하기 위해서는 좀더 조직적으로 움직여야지. 자네들 생각은 어떤가?"

"저희도 선생님 말씀에 동의합니다."

"선생님, 저는 항일 운동을 국내에서만 해서는 안 된다고 생각합니다."

"자네도 그렇게 생각하나? 내 생각도 그렇다네."

"선생님께서도 국외에 항쟁 기지를 만드는 것에 찬성하신다는 말씀이십니까?"

"국외에 기지를 두고 국내에서 활동하는 사람들을 지원한다면 국내에서 활동하기가 좀더 자유롭지 않겠나. 나는 그럴 생각으로 망명을 선택했다네."

유인석은 항일 세력을 하나로 통합하는 것이 가장 중요하며, 국내에서 활동하는 의병을 적극 지원하기 위해서라도 해외에 기지를 만들어야 한다고 했다.

"선생님, 어떻게 하면 의병 세력을 하나로 통합할 수 있을까요?"

"이건 내 생각인데, 의병 내에 규칙을 세우고, 관일약이라는 조직을 만들어 국권 회복의 지침을 제시하면 어떨까?"

"선생님, 의병 규칙은 뭐고, 관일약은 뭔가요? 좀더 자세히 설명해 주세요."

유인석은 의병을 연합해 백두산 부근에 근거지를 두고, 지방에 이어 한성까지 진출해 한성을 손에 넣는다는 규칙을 제정하고, 향약의 전통을 계승한 관일약을 조직해, 기존의 사상적 대립을 해소하고, 대동 단결해야 한다고 설명했다.

"나는 전국 의병을 13도 도총재의 지휘 아래 연계시키고, 의병 전쟁을 국가간의 전쟁으로 받아들여야 한다고 생각하네."

유인석의 말에 이상설과 이범윤 등은 고개를 끄덕였다. 구구절절 옳은 말이었기 때문이다.

이상설과 이범윤은 유인석의 충고를 받아들여 1910년 6월 21일 '십삼도 의군'을 결성했다. 십삼도 의군은 랴오둥 지방과 연해주 지방에 분산되어 있던 의병들을 하나로 통합한 독립군(한일 합병 이후, 의병 활동은 독립운동으로 바뀌었다) 연합체였다. 이들은 대규모 국내 진공 작전을 펼쳐 일제와 전면전을 벌일 계획이었다.

"선생님, 선생님께서 도총재직을 맡아 주십시오."

"다 늙은 사람에게 도총재직을 맡겨서 뭐 하려고?"

"도총재직은 반드시 선생님이 맡아 주셔야 합니다."

유인석은 그 동안의 공을 인정받아 십삼도 의군 도총재 자리에 오르게 되었다. 이상설과 이범윤이 그를 적극 추대한 결과였다.

"자네들도 알다시피, 요즘 일본이 러시아에 외교적 압력을 행사하기 시작했네. 지금은 괜찮을지 몰라도 얼마 안 가서 이곳에서도 활동하기가 어려워질지 몰라. 그래서 나는 우리가 나아가야 할 몇 가지 방법을 생각해 보았네."

유인석은 도총재 자리에 오른 뒤, '통고 13도 대소동포'라는 포고문을 지어 발표했다.

유인석은 나라를 복구하고, 종묘 사직을 지키며, 도를 붙들고, 백성을 보호한다는 기치를 높이 들고일어났다. 그는 전 국민이 일치 단결해 일제에 맞서 싸우면 승산이 있다고 하면서 이 일에 동참할 것을 다시 한 번 촉구했다. 유인석과 이상설은 고종에게 십삼도 의군이 결성되었음을 알리고, 내탕금으로 군자금을 지원해 줄 것과 연해주로 파천해 국권 회복을 도모할 것을 간청하는 상소를 올렸다.

1910년 8월 23일, 일제는 친일 매국 단체인 일진회를 앞세워 한일 합병 의견서를 작성해 정부에 건의했다. 이완용·송병준·이용구 등 친일파를 내세워 한국 사람들은 일본과 합병하기를 원한다는 내용의 한일 합병 의견서를 제출하게 한 것이다.

한국 황제의 권한을 일본 황제에게 넘긴다. 일본과 한국을 합친다. 일본은 한국 황실의 존엄성을 보증한다. 공로자에게 상금을 준다.

1910년 8월 29일, 한일 합병 조약이 체결되었다. 조선 왕조는 나라를 세운 지 27대 519년 만에 멸망하고, 일본의 식민지로 전락하게 되었다.

"이럴 수는 없는 일이오!"

한일 합병의 비보를 전해 들은 유인석은 눈앞이 깜깜해졌다. 항일 무력전을 개시하기도 전에 조국이 일제에게 넘어갔기 때문이다. 유인석과 한인들은 블라디보스토크 신한촌의 한민학교에 모여 성명회를 조직했다. 이들은 한일 합병이 무효임을 주장하기 위해 서명 운동을 전개했고, 중국과 러시아 일대에 거주하던 8,600여 명의 서명을 받아 내기에 이르렀다. 유인석은 한일 합병이 무효임을 증명하기 위해 서명록을 일본 정부와 각국 정부 및 신문사에 발송했다. 국제적 여론의 도움을 받을 생각이었던 것이다.

일본은 가쓰라 대신을 러시아에 파견했다. 그는 러시아 정부에 연해주 한인의 항일 투쟁에 대해 강력히 항의하고, 유인석을 비롯해 이상설, 이범윤 등을 체포, 인도해 줄 것을 요구했다.

러시아는 대한제국이 일본에 합병되었다는 것을 알고 있었기 때문에 일본측의 요구를 들어줄 수밖에 없었다. 러시아 정부는 그 길로 십삼도 의군의 주요 인물 42인의 체포 명령을 내렸다. 유인석과 홍범도 등은 다행히 몸을 피했지만, 이상설과 이범윤 등은 체포되어 시베리아로 유형 되었다.

러시아 정부가 러시아 내 한인들의 활동을 제한하기 시작하자, 십삼도 의군은 제대로 한 번 싸워 보지도 못하고 해산되고 말았다.

"기운들 내게. 러시아에서 안 되면 다른 곳을 찾아보면 되지 않겠는가? 지금 우리에게 필요한 것은 끝까지 포기하지 않는 걸세."

유인석은 무력 항일 투쟁을 전개할 만한 곳을 다시 물색하기 시작했다.

그 사이, 러시아 내에는 권업회에 의해 대전학교라 불리는 사관학교가 설립되었다. 권업회는 대전학교에서 독립군을 길러냈을 뿐만 아니라, 시베리아와 만주 일대에서 활동하고 있는 독립운동 단체들을 모아 1914년 대한 광복군 정부를 건립하고, 이상설을 초대 의장으로 추대했다.

유인석은 일제의 간섭에 의해 러시아에서의 항일 독립운동이 불리해지자, 1914년 3월 중국의 관뎬(관전) 현 방취구로 이주했다. 그리고 신구에서 아들 유제함과 친척 그리고 문인들과 재회했다.

랴오둥 땅으로 돌아온 유인석은 국내에 머물고 있는 동지들에게 '수화종신(뜻 있는 사람들은 국내에 머물지 말고 망명해 함께 싸우자)' 할 것을 호소했다.

그 무렵, 제1차 세계 대전이 벌어졌다.

"어느 나라 민족이든 자기 나라의 운명은 민족 스스로 결정짓게 해야 합니다."

파리에서 열린 만국 평화 회의에 참석한 미국의 윌슨 대통령은 민족 자결주의를 부르짖었다. 윌슨 대통령의 이 한 마디는 조국 독립을 위해 싸우고 있던 의병들에게 새로운 자극과 희망이 되었다.

"선생님, 미국 대통령 윌슨이 나라의 운명은 민족 스스로 결정지어야 한다고 했대요."

"선생님, 우리가 이렇게 간절히 독립을 원하는데, 언젠가는 꿈을 이룰 수 있겠죠?"

"그런 날이 반드시 올 걸세. 믿고 기다리게."

유인석은 들떠 있는 제자들을 보며 희미하게 웃었다. 랴오둥으로 재차 망명한 뒤, 유인석은 시름시름 앓고 있었다. 지병이 악화되었던 것이다.

"선생님, 안색이 안 좋아 보여요."

"나는 괜찮아."

유인석은 괜찮다고 하면서 이렇게 말을 이었다.

"희망은 희망을 찾는 사람을 결코 버리지 않는다는 말이 있네. 자네들 가슴속에 조국 독립에 대한 희망이 있는 한 반드시 우리 나라는 왜놈들의 손에서 벗어날 수 있을 거야."

그 무렵, 유인석의 건강 상태는 최악의 상황에 직면해 있었다. 그는 죽음을 예감하고 자신의 사상을 글로 남기는 데 모든 정신력을 다 쏟아 부었다.

민족적 자존심을 되찾기 위해 의병을 일으켰던 의암 유인석. 그는 끝내 조국의 독립을 보지 못하고 랴오둥 땅에서 숨을 거두었다. 1915년 1월 29일, 그의 나이 74세 되던 해였다.